Le bonheur
de la légèreté

Le bonheur de la légèreté

Voyagez léger et soyez en paix sur les plans physique,
énergétique et mental

Sylvie Goudreau

Éditeur : François Doucet
Révision linguistique : Stéphanie Tétreault
Correction d'épreuves : Nancy Coulombe, C. Paradis
Conception de la couverture : Matthieu Fortin, Mathieu C. Dandurand
Photo de la couverture : © Thinkstock
Mise en pages : Sébastien Michaud
ISBN papier 978-2-89752-936-9
ISBN PDF numérique 978-2-89752-937-6
ISBN ePub 978-2-89752-938-3
Première impression : 2015
Dépôt légal : 2015
Bibliothèque et Archives nationales du Québec
Bibliothèque Nationale du Canada

Éditions AdA Inc.
1385, boul. Lionel-Boulet
Varennes, Québec, Canada, J3X 1P7
Téléphone : 450-929-0296
Télécopieur : 450-929-0220
www.ada-inc.com
info@ada-inc.com

Diffusion
Canada :   Éditions AdA Inc.
France :   D.G. Diffusion
                Z.I. des Bogues
                31750 Escalquens — France
                Téléphone : 05.61.00.09.99
Suisse :   Transat — 23.42.77.40
Belgique :   D.G. Diffusion — 05.61.00.09.99

Imprimé au Canada

Participation de la SODEC.
Nous reconnaissons l'aide financière du gouvernement du Canada par l'entremise du Fonds du livre du Canada (FLC) pour nos activités d'édition.
Gouvernement du Québec — Programme de crédit d'impôt pour l'édition de livres — Gestion SODEC.

Catalogage avant publication de Bibliothèque et Archives nationales du Québec et Bibliothèque et Archives Canada

Goudreau, Sylvie

Le bonheur de la légèreté : voyagez léger et soyez en paix sur les plans physique, énergétique et mental
ISBN 978-2-89752-936-9
1. Bonheur. 2. Bien-être. 3. Actualisation de soi. I. Titre.

BF575.H27G68 2015   158   C2015-941812-7

Remerciements

Peut-être ce livre aurait-il dû s'intituler *En route vers le bonheur de la légèreté* parce que, honnêtement, c'est un cheminement de tous les jours. Un cadeau de la vie, qui m'offre tant de possibilités à explorer et d'occasions pour expérimenter. Pour tout cela, MERCI, LA VIE!

Très humblement, je ne prétends pas du tout maîtriser chacun des éléments du bonheur de la légèreté qui sont décrits dans les pages suivantes. Au contraire, je pratique et j'expérimente au quotidien, j'apprends et j'intègre chaque jour. Grâce à chacune des personnes que je croise sur ma route, j'explore, je découvre et, en acceptant de m'ouvrir, je grandis. C'est un des grands miracles quotidiens dont nous bénéficions tous. Et pour cela, je remercie toutes les personnes qui entrent dans ma vie, ne serait-ce que l'espace d'une fraction de seconde.

Ce livre est un cadeau que je me fais et que je vous offre avec chaleur. En m'ouvrant à vous et en partageant avec vous mes histoires personnelles, non seulement cela me permet-il de prendre du recul sur ma propre vie, mais cela ouvre aussi la porte à de merveilleuses discussions futures avec plusieurs d'entre vous, discussions qui contribuent à enrichir notre parcours et à y ajouter encore plus de lumière afin de vivre de plus en plus dans la légèreté.

Alors, du fond du cœur, avec toute ma gratitude, merci infiniment, merci à VOUS! Merci de votre ouverture, merci de votre présence dans ma vie, merci de votre si précieuse contribution.

Nous sommes tous interreliés — ne doutez pas un instant de la valeur de votre contribution et de celle de toute personne que vous avez croisée et que vous croiserez dans votre vie.

Au plaisir de vous rencontrer et de discuter avec vous!

Bonne lecture!

Sylvie

Je dédie ce livre à mes parents.
Avec toute mon affection et tout mon amour,
merci pour TOUT —
pour le modèle d'amour inconditionnel ;
pour la nature dans laquelle j'ai eu le bonheur de grandir
(même si j'ai dit le contraire durant toute mon adolescence) ;
pour l'ouverture et pour les leçons de vie merveilleuses.
Une mention spéciale pour les pensées collées sur la porte
de la salle de bain et qui ont forgé ma pensée créatrice.
Merci d'avoir contribué à la personne que je suis.
Je vous aime énormément.

Table des matières

Préface

Voyager léger…

Je n'avais pas beaucoup voyagé avant de rencontrer mon copain globetrotteur. Notre projet de visiter la République tchèque — mon premier contact avec le continent européen — s'annonçait toute une aventure. Avec un ou deux jours par ville, en déplacement constant, on ne moisirait pas sur place !

Donc, peu habituée à voyager, et surtout pas en mode nomade formule « un dodo par ville », j'anticipais avec excitation la tâche de faire mes valises. Du style à tout prévoir, j'avais d'abord établi une liste : vêtements de jour, de soir, plus légers, plus chauds, pour telle occasion, pour tel endroit ; chaussures, sandales, bottes, accessoires de toutes sortes et les « au cas où ». Résultat : deux grosses valises sur roulettes et un sac à dos bien pleins. Nous partions pour une semaine et demie… J'étais équipée pour deux mois !

Au regard qu'a jeté mon copain sur mes bagages, j'ai compris que je n'avais pas tout à fait saisi le concept… Il a gentiment fait le tri avec moi.

Aujourd'hui, je me lance toujours le défi de ne voyager qu'avec un sac à dos et un bagage à main. Autant que possible, rien ne va dans la soute à bagages de l'avion ou de l'autobus. J'ai avec moi l'essentiel. Finies l'attente devant le carrousel des bagages à l'aéroport ou la course pour retrouver des valises qui n'ont pas pris le même avion que moi! J'ai appris à rouler mes vêtements, à utiliser l'espace de façon stratégique, à être efficace dans le choix de ce que j'apporte. Et j'adore la sensation de voyager léger, la flexibilité et la liberté que ça me procure. J'ai tout ce dont j'ai besoin et, si je ne l'ai pas et qu'une situation se présente, je trouve sur place ce dont j'ai besoin, et encore mieux! Quel sentiment incroyable et merveilleux!

Plus merveilleux encore a été de prendre conscience que ma vie quotidienne peut se vivre de la même façon. Voyager léger au quotidien! Je ne parle pas ici du matériel dont nous nous entourons et de simplicité volontaire, mais bien de légèreté dans notre tête, dans nos énergies et dans notre corps.

Notre vie en soi est une expédition, une aventure, une suite d'expériences. Voyager léger dans notre quotidien en allégeant notre tête, notre corps et nos énergies des tensions, des résistances et des blocages qui nous pèsent nous permet de réagir aux situations et aux occasions avec plus d'aisance, de souplesse et d'agilité. J'ai appris que rien ne sert de vouloir tout prévoir et tout contrôler afin de gérer les «au cas où». Je sais que je dispose toujours de toutes les ressources nécessaires au moment requis lorsque le cas se présente... s'il se présente. Entretemps, je profite de plus de légèreté et de liberté d'action...

Introduction

Commençons par nous entendre sur le terme « légèreté ».

Non, je ne parle pas ici de frivolité, de futilité ni d'imprudence, mais bien d'agilité, de souplesse et de liberté. Je ne parle pas non plus d'inconscience, mais bien de détachement. Et non de lourdeur, mais bien de fluidité. Bref, de bien-être, sans résistance. Et ce, sur les plans mental, physique et énergétique. Alléger, soulager, libérer...

Respirez-vous mieux ? Vous devriez même être en train de sourire d'allégresse. Futile, impossible, irréaliste, me direz-vous ? Peut-être, si c'est ce que vous croyez... Mais moi, je continue de sourire. Et vous ?

Nous sommes humains et, en tant qu'humains, nous ressentons des émotions. Toutefois, il n'est pas toujours facile d'utiliser les émotions pour ce qu'elles sont : des balises, des baromètres, des GPS qui nous indiquent notre positionnement face aux situations et aux expériences de la vie. Nous avons plutôt tendance à nous laisser envahir par les émotions, au lieu de nous en servir de façon constructive. Aussi, suivant notre état physique (en pleine forme ou sous un coup de fatigue), notre état émotif et mental peut être plus difficile à «gérer». Les situations de notre quotidien peuvent nous paraître lourdes une journée, agréables la journée suivante et passables la troisième journée. Le même type de situation peut se présenter et, selon notre état, nous les percevrons avec lourdeur ou légèreté. Notez bien que l'acteur principal n'est pas la situation qui survient, mais bien NOUS et la façon dont nous choisissons de percevoir cette situation. Bon, je vous l'accorde, on l'a souvent entendue, cette phrase. Je ne vous assommerai pas plus longtemps avec elle et ses principes.

Je veux plutôt vous offrir d'apaiser et de soulager votre quotidien, quel que soit votre état. De vous aider à découvrir ce qui se cache SOUS vos émotions et d'opter pour de nouvelles perspectives. Bref, je vous propose de choisir librement la légèreté pour un plus grand bien-être au quotidien.

Tout ce que je vais aborder dans ce livre, vous le savez déjà… Permettez-vous simplement de vous le rappeler, de ramener le tout à votre conscience et d'y ajouter une nouvelle lumière, une nouvelle couleur, celle que je vous propose.

Au cours d'une rencontre avec mes lecteurs, un homme s'est présenté à moi et m'a posé une question test (oui, je sentais qu'il me mettait au défi de lui donner LA bonne réponse) : «Madame Goudreau, que doit-on changer pour enfin être bien? Car on nous dit sans cesse qu'il faut changer ceci et changer cela dans nos comportements et notre attitude, de cesser d'être de telle façon ou de poser tel geste, et d'être nous-même. Mais croyez-vous qu'on DOIVE CHANGER ? Et si oui, QUOI ? »

Me sentant mise sur la sellette, j'ai réfléchi un peu et lui ai donné une réponse rapide à propos de l'importance de faire du ménage dans nos croyances et nos programmations. Pas faux, mais un peu flou et pas très assumé, puisque j'étais prise dans l'urgence de lui fournir LA bonne réponse qu'il attendait (par ailleurs, vous aurez deviné que mon mental était à ce moment-là plus concentré sur sa performance que sur sa connexion avec mon Être intérieur).

Toutefois, dans les semaines qui ont suivi cette rencontre, la question m'est souvent revenue à l'esprit — que doit-on changer ? Je me sentais personnellement interpellée par cette question.

Le même message intérieur me revenait souvent, mais je le repoussais, tellement il semblait trop futile. Ça me disait : mais RIEN, nous n'avons RIEN à changer !

Finalement, j'ai laissé ce message se préciser : nous sommes parfaits tels que nous sommes, nous avons tout le potentiel et toutes les ressources dont nous avons besoin pour nous accomplir. La seule action à poser maintenant est de nous libérer de nos résistances, conscientes ou inconscientes…

Quel merveilleux rappel : nous n'avons rien à changer ni à ajouter à ce que nous sommes. Changer signifie forcer, aller à l'encontre… C'est juger une attitude, un comportement — je suis trop comme ci, pas assez comme ça, je dois changer ceci ou cela.

Tout ça pour arriver à quoi? À être bien... tout simplement être bien.

Alors, **qu'est-ce qui nous empêche d'être bien**? Voilà la question à se poser, plutôt que «Que dois-je changer?». En me demandant ce qui m'empêche d'être bien ici et maintenant (et je ne parle pas de la situation qui est devant moi, mais bien de l'état dans lequel je choisis d'être par rapport à cette situation), je fais face à mes résistances, à mes croyances, à mes programmations. Je leur permets d'être, je les reconnais, puis je choisis celles qui me servent harmonieusement. Changer? Je préfère dire «faire des choix différents» :

- Choisir une croyance différente, qui m'aidera à atteindre le sentiment de bien-être que je recherche.

- Choisir de me libérer de telle résistance.

- Choisir de faire la paix avec telle personne ou telle situation.

- Choisir la légèreté et le bien-être.

Alléger, soulager, libérer... Ça vibre de façon beaucoup plus agréable et stimulante que «changer», non?

Tel est l'objectif de ce livre — vous aider à devenir conscient de vos résistances, celles qui vous empêchent d'être vous-même. Une à une, tranquillement. Vous outiller concrètement pour alléger votre quotidien. Après, il vous appartient de le mettre en pratique ou pas. Votre bien-être est entre vos mains.

En vous concentrant sur votre intention — vous sentir bien et ÊTRE bien —, laissez-vous aller en douceur, sourire aux lèvres, un pas à la fois... avec beaucoup de reconnaissance !

D'ailleurs, vous pourrez constater que la gratitude fait partie intégrante de ce livre. Au fil des pages, je partagerai avec vous mes propres expériences et mes propres trucs pour entretenir la légèreté, chaque chapitre correspondant à une anecdote, une prise de conscience. Et pour chacune d'elle, je veux exprimer toute ma gratitude : ma gratitude envers la vie, envers les expériences qui viennent à moi, envers les personnes qui en font partie ainsi que... envers moi-même ! Je trouve important, essentiel même, de reconnaître tout le cheminement que je fais, pour mon propre bien-être.

Si la gratitude occupe une place centrale dans mon processus de vie, il en va de même pour le plaisir. Se sentir bien et léger implique de prendre plaisir à ce que l'on fait et à qui l'on est, et implique aussi de JOUER au jeu de la vie.

La vie est un jeu, un grand jeu d'action ; les décisions et les choix que je prends me conduisent de porte en porte, de chemin en chemin. La curiosité et l'anticipation joyeuse sont toujours de mise, comme un enfant qui joue à découvrir ce qui se trouve sous les grosses roches dans le jardin. J'adore cette sensation et c'est celle que je choisis : la légèreté et le plaisir de la découverte.

• • •

P.-S. Pour ceux qui l'auraient remarqué et qui se poseraient la question, en effet, il y a deux fois plus d'anecdotes dans la partie de la légèreté du mental que dans toutes les autres parties... Peut-être pouvons-nous supposer que notre mental a tendance à prendre beaucoup de place dans notre vie ? Mais ça, nous le savions déjà, n'est-ce pas ?

Pourquoi choisir la lourdeur, la pesanteur,
l'apitoiement, la résistance ?
Pourquoi choisir de vivre dans des résidus d'émotions ?
Il est normal d'avoir des émotions ; elles sont
naturelles chez l'humain.
Et devant elles, nous avons le choix :
celui de se rouler dedans ad vitam aeternam,
celui de les observer, les reconnaître et les laisser aller,
celui de les vivre intensément pour pouvoir ensuite les libérer,
ou encore celui de les ignorer et de les enterrer
jusqu'à implosion.
Mais nous avons toujours le choix.
Alors, pourquoi choisir la lourdeur ?
L'âme VEUT se libérer. Elle a envie de laisser aller.
De vivre plus léger.

De vivre le bonheur de la légèreté.

Première partie
La légèreté du mental

Chapitre 1

Le sac à dos

Au cours de notre vie, nous accumulons beaucoup de bagage : des connaissances, du savoir, des expériences. Nous accumulons aussi toutes les émotions qui sont liées à nos expériences et événements de vie, qu'ils aient eu lieu dans la journée, la dernière semaine, le dernier mois, la dernière année, il y a 20 ans. Des résidus de notre vie entière sont empilés dans un immense sac à dos que nous portons sans même nous en rendre compte. Les joies, les peines, les frustrations, les tristesses, les impatiences, le stress, les préoccupations, les bonheurs, les plaisirs ; tout est là. Au point où nous pouvons avoir l'impression de porter le poids de notre vie sur nos épaules. Notre sac à dos peut parfois nous sembler bien lourd et même ralentir notre progression, ou encore nous donner l'impression de stagner.

La bonne nouvelle, car il y en a une, c'est qu'il nous est possible de déposer ce sac à dos, et aussi d'y faire le ménage et le tri.

Que diriez-vous de commencer votre parcours « d'allègement » en déposant votre fameux sac? De libérer ce qui n'appartient pas au moment présent, de vous détendre, de relâcher les tensions mentales?

Prenez ce temps rien que pour vous...

Tout d'abord, installez-vous debout, bougez et étirez-vous.

Secouez les bras, les jambes et délassez votre tête.

Respirez profondément.

Puis, assoyez-vous confortablement. Laissez faire votre imagination en lisant la suite. Ce qui se déroulera sur votre écran mental alors que vous lirez les prochaines lignes aura un effet bénéfique sur tout votre Être. Notre cerveau ne faisant pas la différence entre ce que nous vivons réellement et ce que nous imaginons, il réagit à ce que nous lui proposons, aux mots qu'il perçoit, et il lance ses commandes à notre système. Choisissez ici et maintenant de vous installer dans la douceur et de vous alléger.

En pensée, vous vous voyez debout, votre sac à dos bien installé sur vos épaules, dans un bel endroit lumineux, rassurant et paisible. Vous regardez la douce lumière brillante qui vous entoure et qui danse autour de vous. Cette lumière est merveilleusement douce, purifiante et nettoyante. Vous respirez profondément cette lumière et vous goûtez à plein à ce moment de paix.

Maintenant, vous portez attention à vos épaules. Vous ressentez les bretelles de votre sac à dos qui pèsent sur elles. Vous ressentez la grosseur et la pesanteur du sac. Quel format a-t-il ? Est-ce qu'il monte plus haut que votre tête ? Descend-il plus bas que vos reins ?

Vous prenez une profonde inspiration, puis vous portez une main à l'une des bretelles pour la faire glisser le long de votre bras, dégageant votre épaule, qui en est soulagée. Puis, avec un grand sourire, vous faites de même avec la seconde bretelle. Vous attrapez vivement votre sac et vous le déposez par terre, à côté de vous. Vous respirez à nouveau en bougeant les épaules et les bras. Vous ressentez le bonheur d'être plus léger, d'être soulagé d'un poids. Peut-être aurez-vous la curiosité, plus tard, d'aller voir ce que votre sac contient et d'y faire le tri ? Mais, pour l'instant, vous savourez votre état de bien-être et de soulagement. Vous respirez plus profon-dément et vous souriez largement.

Plus que tout, vous désirez vous ancrer solidement dans ce sentiment de bien-être, en imprégner tout votre Être et vous y centrer.

Pour ce faire, concentrez-vous sur l'espace entre votre tête et votre cœur.

Imaginez une ceinture de sécurité, comme celle que l'on trouve dans les voitures, sauf que celle-ci est faite d'une lumière merveilleuse. Vous avez donc un harnais et une boucle. Le harnais part de votre tête et la boucle est reliée à votre cœur. Attrapez le harnais et la boucle entre vos mains et, d'un geste, bouclez la ceinture.

Faites le mouvement avec vos mains — Clic ! La tête et le cœur sont maintenant connectés.

Puis, portez votre attention sur l'espace entre votre cœur et votre Centre (au niveau de votre plexus solaire, au-dessus du nombril).

Imaginez une seconde ceinture de sécurité tout en lumière ; cette fois le harnais part de votre cœur et la boucle est reliée à votre Centre.

Attrapez les deux bouts et bouclez-les solidement d'un geste déterminé — Clic ! Le cœur et le Centre sont connectés.

Sentez l'énergie circuler librement entre la tête, le cœur et le Centre.

Voyez la lumière dégagée par les ceintures couler sans entrave et remplir votre Centre, votre cœur et votre tête.

Vous êtes centré. L'énergie circule sans entrave en vous et autour de vous.

Inspirez profondément, puis expirez. Encore une fois, inspirez… et expirez.

Vous voilà tout revitalisé, léger, souriant.

P.-S. Si ça vous dit, vous pouvez ouvrir votre sac à dos et étaler le contenu devant vous sur le plancher afin de voir ce qu'il contient et d'y faire le tri. Souriez et ouvrez grand votre cœur face à ce que vous y trouverez. Il y aura sûrement des émotions de joie, de plaisir et de bonheur, mais aussi des émotions de peur ou d'angoisse, de tristesse et de frustration. Acceptez de les laisser aller, de les libérer. Revoyez à quelle expérience de votre vie elles sont rattachées et observez cette expérience telle qu'elle est — externe à vous. Avec amour, remerciez cette expérience d'être dans votre vie et libérez l'émotion qui y est reliée. Soyez assuré que vous êtes en sécurité, aimé et guidé.

Énoncé de gratitude

Je remercie toutes les expériences qui entrent dans ma vie, car elles me permettent d'en apprendre plus sur moi et sur les autres, et ainsi d'évoluer. Même si je ne suis pas toujours satisfait de la façon dont je réagis à ces expériences, je m'aime et je me respecte totalement. J'accepte et j'accueille ce qui entre dans ma vie. Je suis reconnaissant du bagage que j'ai accumulé jusqu'à maintenant et j'accepte de libérer toutes les émotions qui y sont reliées. Je ressens tellement de gratitude devant tant de douceur et de légèreté. Merci!

Chapitre 2

Mon équipe interne

Personnellement, j'ai retrouvé beaucoup de légèreté et de bien-être à partir du moment où j'ai accepté de travailler en équipe. Encore a-t-il fallu que je prenne conscience que je n'étais pas seule et, surtout, que j'accepte d'occuper consciemment ma place au sein de cette équipe lumineuse.

J'ai présenté les membres de mon équipe interne dans mon livre *Je suis à ma place*. J'ai moi-même fait leur connaissance alors que je faisais une promenade à pied et que je demandais de l'aide à mes guides et à l'Univers pour m'éclairer sur certains aspects de ma vie. Aussitôt que j'ai convoqué mes guides, je me suis sentie entourée d'un superbe vortex lumineux, puis des mots ainsi que des images ont commencé à affluer : on me présentait mon équipe interne et, surtout, on me faisait comprendre la place que je devais y occuper.

Depuis, j'aime bien travailler avec mon équipe interne pour m'aider à entretenir la légèreté de mon esprit. Tout d'abord, il y a Égo et Mental, dans le bureau situé au niveau de la tête, les trois quarts du temps énervés, les baguettes en l'air ! C'est qu'Égo est notre filtre, le grand gardien de nos croyances, l'ingrédient actif qui pige dans nos expériences passées (dont la base de données est soigneusement ordonnée par Mental). Égo ramène à notre conscience les souvenirs physiques et émotifs de ce que nous avons vu, entendu, ressenti depuis notre naissance. Souvent, on considère Égo comme l'ennemi à éliminer. Moi, je considère qu'il est un allié précieux, du moment qu'on lui donne sa juste place et que l'on reprenne la nôtre, aux commandes. Car, malheureusement, c'est souvent Égo qui hérite du poste aux commandes…

Notre équipe est aussi constituée de notre Moi supérieur — notre âme — situé au niveau du cœur. Puis, il y a notre Centre, notre endroit de ressourcement, là où se trouvent toutes nos ressources, tout notre potentiel. Ce merveilleux endroit est situé au niveau du plexus solaire, entre la poitrine et le nombril.

Ainsi, j'aime bien faire ce que j'appelle des « visites de plancher » pour saluer chacun des membres de mon équipe et leur donner leur priorité de la journée. Je n'y pense pas toujours (n'oubliez pas que je suis humaine, moi aussi, et que j'ai besoin de rappels), mais les journées que j'entame en faisant cet exercice sont habituellement merveilleusement douces et légères. Je me sens solidement ancrée, affirmée, rayonnante et guidée.

Je commence donc ma visite par le bureau de la tête. Je respire à fond, je prends mon ascenseur interne et je monte rencontrer Égo et Mental. Je les salue joyeusement et je leur fais un ÉNORME câlin. Ça vous surprend? Égo et Mental ont pourtant tellement besoin d'amour! De tout mon cœur, je leur offre mes remerciements et ma gratitude de faire partie de mon équipe. On rigole, on papote et j'en profite pour prendre le pouls et voir comment ils se sentent (ce qu'ils véhiculent comme images et sentiments). Ensuite, je leur donne leur ancrage pour la journée. Par exemple, si j'ai une conférence ou un atelier à donner et qu'ils ont tendance à me faire sentir que je ne suis pas prête, que c'est stressant, etc., je leur demande avec un grand sourire et beaucoup de conviction de s'ancrer dans le plaisir, la confiance et le bien-être. Je leur demande de répéter après moi : «Je m'ancre dans le plaisir, la confiance et le bien-être. Je me sens merveilleusement bien!» On rigole encore un peu, on se fait un autre câlin, puis je les salue pour reprendre l'ascenseur.

Ensuite, je descends au niveau du cœur pour me remplir d'amour et de douceur. Ah, quelle sensation merveilleuse! J'entre dans le paradis, la zone de mon âme. Je me connecte à ma source. Je respire la douce sensation de flotter dans l'amour inconditionnel et j'ouvre toutes grandes les portes et les fenêtres de mon cœur pour faire rayonner vers l'extérieur cette belle lumière. J'y baigne quelques instants pour écouter. Je peux faire une demande de guidance, aussi.

Puis, je glisse le long d'un fil de lumière jusque dans mon Centre. Situé entre le cœur et le nombril, au niveau du plexus solaire, mon Centre est mon sanctuaire. Je l'ai aménagé et décoré pour m'y sentir bien. J'ai un grand bureau douillet qui ouvre sur un vaste jardin, où se trouvent un immense et solide arbre ainsi qu'un puits ; trois éléments très significatifs. Les différents secteurs du jardin représentent les différents aspects de ma vie et j'y fais pousser mes rêves et mes ambitions. Le puits et l'eau pure qui s'y trouve représentent la sagesse, et c'est l'endroit où je rencontre mes guides. Le grand arbre représente la force, la puissance, l'enracinement et la prospérité. Mon Centre, c'est aussi ma caverne d'Ali Baba, car j'y retrouve mes trésors personnels (mes talents et mon potentiel) et les ressources dont j'ai besoin à chaque moment de ma vie. J'y puise tout ce dont j'ai besoin.

Puis, je reviens à mon corps et à mon environnement physique externe avec bonheur et joie. Ma merveilleuse équipe étant activée et mobilisée pour moi, je sais que je reçois le soutien, l'amour, l'énergie et la guidance dont j'ai besoin dans mon quotidien.

C'est dans ces moments-là que je prends pleinement conscience qu'effectivement, nous avons en nous toutes les ressources et les réponses. Elles sont accessibles, du moment que nous nous y ouvrons avec confiance et amour. Je me sens plus légère de me savoir si bien accompagnée et guidée !

Énoncé de gratitude

Je suis reconnaissant pour le soutien que je reçois de mon équipe interne. Je suis guidée, soutenue et en sécurité. Je sais que j'ai accès en tout temps à ces fabuleuses ressources, à ce savoir et à cette sagesse infinie. Même si j'ai parfois de la difficulté à m'y ouvrir, je m'aime et je me respecte totalement. Je suis rempli de gratitude envers toute cette abondance et tout cet amour. Je vous remercie, membres de mon équipe adorée. Je me remercie aussi du bien que je me fais et que je dégage autour de moi.

Chapitre 3

Attention :
zone de confort en expansion !

Ah, la fameuse zone de confort ! Cette espèce de clôture contre laquelle nous nous appuyons parfois en soupirant pour regarder les vastes champs de possibilités de l'autre côté, mais que nous croyons impossible à franchir... Jusqu'au jour où nous sommes forcés de sortir de notre zone de confort. Une fois que nous avons pris de l'assurance dans ce nouvel espace, hors de notre zone habituelle, nous nous retournons et nous regardons la clôture derrière nous en nous demandant pourquoi nous ne l'avons pas franchie plus tôt. Puis, nous explorons ce vaste champ jusqu'à la prochaine clôture. Cela vous semble-t-il familier ?

Ça me rappelle un souvenir d'enfance. Nous habitions la campagne, et j'y ai grandi en jouant dans les bois, les ruisseaux et les champs. En face de la maison, de l'autre côté de la route en gravier, se trouvait un vaste champ bordé d'une clôture électrifiée où défilaient parfois des vaches, parfois des chevaux. Ma jeune sœur, une

amoureuse des chevaux, était assez aventureuse et témé-
raire, du haut de ses 8 ou 9 ans (du moins, selon mes cri-
tères et mes principes de l'époque, déjà bien ancrés et
quelque peu rigides malgré mes 12 ou 13 ans). Elle réus-
sissait à m'entraîner malgré moi de l'autre côté de cette
clôture quand les chevaux y étaient. Moi, je restais
debout, figée parmi les bêtes, les bras collés le long du
corps, alors que ma sœur en attrapait un par la crinière
pour le mener près de la clôture, qu'elle escaladait pour...
monter le cheval ! Comme ça, sans selle ni rien (et, surtout, sans la permission du propriétaire ni de nos parents).
Heureuse et rayonnante, elle parlait amoureusement au
noble animal, le flattait et le faisait trottiner, alors que je
restais plantée là à pleurnicher qu'on ne devrait pas être
là (surtout parce que j'avais très peur de recevoir un coup
de sabot). Quel soulagement quand elle se laissait enfin
glisser de sa monture et qu'elle m'attrapait par le bras
pour me guider vers la zone de sécurité, de l'autre côté de
la clôture !

À l'époque, je ne me posais pas la question, mais,
aujourd'hui, je me demande bien ce qui nous différen-
ciait, ma sœur et moi. Pourquoi était-elle si à l'aise de
l'autre côté de la clôture, parmi les chevaux, alors que
moi, je paralysais ? Je ne me sentais pas en sécurité, alors
qu'elle se faufilait parmi les animaux et, ô malheur,
qu'elle PASSAIT EN DESSOUS D'EUX ! Elle n'avait jamais
suivi de cours d'équitation, n'avait jamais appris comment
agir avec les chevaux. Elle agissait spontanément,

instinctivement, sans peur. Pourquoi l'expérience était-elle si différente pour moi ? J'avais peur. D'où me venait cette peur ? Aucune idée ! Mais il y avait bien quelque chose qui était là, ancré dans ma tête, dans mes croyances — j'allais à coup sûr me faire ruer ou piétiner. Une mémoire cellulaire, un souvenir d'une vie antérieure ? Peu importe, c'était là, dans mon présent. Et ces pensées occupant mon esprit prenaient toute la place dans mon expérience, même si aucun accident ne s'est jamais produit (du moins, dans ma présente vie).

Cela vous est-il déjà arrivé ? De vous sentir envahi par une pensée au point de paralyser votre expérience physique ? Évidemment, ça nous arrive à tous ! C'est notre cerveau qui nous joue des tours. En effet, des études ont démontré que le cerveau ne fait pas la différence entre ce que nous imaginons et ce qui se passe en réalité. Il déclenche une panoplie de réactions physiques, chimiques et électriques dès que la pensée est assez forte, que la situation soit réelle ou non.

Si vous connaissez quelqu'un qui a une peur irrépressible des araignées et que vous lui faites croire qu'il y a une immense araignée dans le pot de plastique que vous tenez, cette personne s'enfuira certainement en courant. Elle n'a pourtant pas vu l'araignée, mais, juste à la pensée qu'il pourrait y en avoir une dans le pot, son cerveau la fait réagir. Elle a appris à avoir peur et une simple pensée lui fait ressentir la peur. C'est plus fort qu'elle. Indépendamment de sa volonté, la personne réagit physiquement — elle peut avoir des frissons, trembler, entrer en crise et pleurer. Bref, son cerveau déclenche le grand jeu !

Dans un cadre plus agréable, admettons que vous adorez le gâteau au chocolat. Juste à penser au gâteau, vous en avez l'odeur dans les narines, le goût dans la bouche et vous commencez à saliver, n'est-ce pas ? C'est la puissance du cerveau en action, à la simple pensée du fameux gâteau au chocolat de vos rêves !

Au fil de nos expériences, nous nous sommes programmés et notre corps réagit par conditionnement. Tout ça parce que notre cerveau ne fait pas la distinction entre ce qui est vécu et ce qui est imaginé. Entre la réalité et la pensée.

Ainsi fonctionne notre zone de confort, qui reflète notre limite mentale, laquelle devient notre réalité. En d'autres mots : nos croyances limitatives déterminent qui nous croyons être et ce que nous croyons pouvoir faire ou pas. Oui, une simple pensée, de notre propre création, a ce pouvoir ! Notre cerveau l'enregistre puis la met en action automatiquement dès qu'il le peut.

Et vous savez quoi ? Plutôt que de m'apitoyer sur mon triste sort et de me laisser crouler sous le poids de cette révélation, je trouve ce système tout simplement merveilleux ! Loin d'être des victimes, nous avons entre les mains un outil d'une puissance incroyable, dès lors que nous en reprenons les rênes : car nous pouvons en tout temps décider des programmations et des croyances que nous voulons entretenir.

Alors, la zone de confort devient un merveilleux terrain de jeu. Oh, il m'arrive encore parfois de m'y appuyer en soupirant tandis que je regarde les vastes possibilités au-delà de ses limites (et même les gens qui s'y trouvent et qui y semblent heureux) en me disant que ce n'est pas possible pour moi. Quand je me rends compte que je suis en train d'avoir cette pensée, je me redresse habituellement en me disant : «Vraiment, Sylvie, tu ne VEUX PAS considérer que cette possibilité fasse partie de ta réalité? Est-ce parce que ce n'est pas une priorité pour toi ou bien y a-t-il un os qui te bloque, comme une peur ou une insécurité? S'il n'y avait pas d'obstacle, pas de résistance, que ferais-tu? Où serais-tu?»

J'ai appris à amadouer ma crainte des chevaux, à circuler parmi eux, à établir le contact et à leur faire confiance. Tout comme j'ai réalisé des rêves que je ne croyais pas possibles, par exemple faire un retour sur scène en tant que chanteuse et me produire dans des bars et des restaurants avec mon groupe alors que j'amorçais mes 40 ans (moi qui n'avais pas chanté en public depuis plus de 20 ans et qui n'avais aucune idée de la façon dont le circuit musical montréalais fonctionnait). Dès la première année, notre groupe a obtenu plusieurs contrats et j'ai même chanté dans le bar de blues le plus connu à Montréal, comme j'en avais exprimé le désir quand j'y avais mis les pieds pour la première fois à 20 ans.

J'ai aussi réalisé plusieurs autres rêves que je ne croyais pas possibles, car ils étaient beaucoup trop en dehors de ma zone de confort, par exemple travailler à mon compte en tant que consultante, ou écrire et publier des livres, ou encore donner des conférences. (J'avais vraiment un énorme blocage à l'idée de parler en public. Curieusement, je n'avais pas de problème pour chanter, mais parler ? Oh là là !)

Certaines personnes de mon entourage me regardent aujourd'hui et me disent à quel point ils me trouvent courageuse, qu'ils n'oseraient jamais prendre tel et tel risque, qu'ils ne peuvent pas se le permettre. Ne peuvent pas se permettre quoi, au fait ? De faire le pas pour réaliser leurs rêves, pour s'accomplir et pour être heureux ? Peur, quand tu nous tiens...

Par ailleurs, après avoir franchi tous ces pas, ce n'est pas moi ni ceux qui osent que je trouve les plus courageux ; ce sont plutôt ceux qui demeurent là où ils sont, qui ne se réalisent pas à cause de la peur. Car je trouve que ça prend du **courage** pour accepter de vivre avec la peur chaque jour et d'y rester... Moi, j'ai choisi (après une longue — mais ô combien payante — démarche intérieure qui est toujours en cours) d'opter pour la **détermination** et la **conviction** selon lesquelles **si je veux, je peux**. Si c'est une priorité pour moi, je vais me l'accorder et passer aux actes en ce sens. Faire des choix différents ne demande pas du courage, mais bien de la détermination, de la persévérance, de la confiance et une attitude ouverte et enjouée. Oui, il faut beaucoup de confiance, d'ouverture et d'écoute pour suivre nos élans profonds afin de nous réaliser pleinement.

Je suis ici pour vivre des expériences, explorer, avoir du plaisir et me sentir bien. J'en fais donc ma priorité. Et vous savez quoi ? J'adore ma zone de confort ! Je l'aime tellement que je suis prête à la laisser s'agrandir, prendre de l'expansion, s'épanouir. Ma zone de confort est ÉLASTIQUE. Elle n'est pas un cercle rigide et fermé. Je l'apporte avec moi quand j'explore et, lorsque je décide que je veux aller visiter tel territoire inconnu, j'étire ma zone de confort par-dessus l'inconnu pour l'attirer dans ma cour, puis je l'apprivoise. JE NE SORS JAMAIS DE MA ZONE DE CONFORT — JE L'AGRANDIS CONSTAMMENT ! N'est-ce pas une façon agréable et légère de partir à la conquête de ses rêves ? Moi, j'adore !

C'est en écrivant ces lignes que je me rends compte que ma petite sœur, du haut de la confiance et de la détermination de ses 8 ans, ne faisait que suivre ses élans spontanés et ses besoins profonds. Et aujourd'hui, propriétaire de son propre cheval, elle continue d'alimenter sa passion, tout comme je continue d'alimenter la mienne pour la musique, qui a aussi commencé vers l'âge de 8 ou 9 ans, avec un disque de Nathalie Simard, une brosse à cheveux en guise de micro et mon miroir comme public.

Et vous, qu'était votre passion ? Qu'est-elle devenue ? S'est-elle butée aux limites de vos croyances et de votre zone de confort ?

Énoncé de gratitude

*Je suis reconnaissant pour mes zones **d'inconfort**, car elles me parlent de mes limites mentales, de mes croyances et de mes programmations. Je les accueille avec amour, en douceur. Je ressens énormément de* *gratitude pour ma zone de confort élastique, qui m'accompagne et qui s'agrandit au fur et à mesure que j'intègre de nouvelles perspectives. J'explore en toute confiance, dans la joie, le plaisir et la curiosité, car je suis en sécurité. Je m'ouvre avec bonheur à mes rêves, à mes passions et à mes élans profonds. Je me permets de m'épanouir pleinement et j'en suis rempli de gratitude.*

Chapitre 4
Les ballons

Cette semaine, pendant quelques jours, je ne me suis pas sentie bien. J'étais tourmentée, absorbée, aspirée par mes pensées. Toute mon attention était tournée vers mes préoccupations. Et mon cerveau, cette merveille de la technologie, a déclenché en moi la même gamme de réactions que si j'avais été poursuivie par un troupeau de mammouths. De nos jours, ce ne sont plus les mammouths ni les dinosaures qui nous créent des problèmes, mais bien un simple petit hamster. Vous le connaissez, celui-là? Celui qui fait rouler à une vitesse folle la grande roue de nos pensées?

Ouais, il me visite quelquefois aussi… Mais voici comment j'ai réussi à m'en libérer, cette semaine. J'ai eu cette vision. (Et vous y étiez, dans cette vision, tout à fait!)

J'étais debout et je tenais serré très fort dans mes mains des dizaines de ficelles reliées à des ballons de différentes couleurs gonflés à l'hélium. Chacun de ces ballons portait une étiquette : préoccupations, stress, frustrations, peurs…

Le bouquet était tellement gros que je risquais de m'envoler avec lui. Je résistais, je forçais, je tirais sur les ficelles pour ne pas m'envoler avec le bouquet de ballons. J'essayais de garder les pieds sur terre, mais les ballons étaient plus forts que moi : ils me tiraient avec eux. Je perdais pied, je me sentais paniquer, j'avais mal aux mains et aux bras. Je n'en pouvais plus, de cette tension.

Si vous étiez témoin d'une telle scène, que vous voyiez quelqu'un dans cette situation, qu'auriez-vous envie de lui dire ? Probablement quelque chose comme : « Mais lâche les ballons ! Laisse-les aller... » N'est-ce pas ? Eh bien, c'est ce que vous avez fait. (N'oubliez pas, vous étiez présents dans ma vision, oui, vous tous !)

Donc, vous m'avez encouragée à lâcher prise, mais moi, je continuais à tirer.

— Ça ne se fait pas, je ne peux pas laisser aller le bouquet de ballons, vous ai-je répondu.

— Mais pourquoi ? m'avez-vous demandé. Pourquoi ne peux-tu pas les laisser aller ?

— Mais parce qu'il FAUT que je m'en occupe !

— Que tu t'occupes de quoi ?

— Eh bien, de tenir les ballons ! Chacun a une raison d'être là. Il est la représentation d'éléments dans ma vie dont je dois m'occuper.

— Ahhhh... Une représentation ? que vous m'avez dit. Une émotion gonflée à l'hélium, oui ! C'est de l'air, que de l'air que tu tiens ainsi, à bout de bras.

— Non, ce n'est pas vrai ! vous ai-je répondu.

— Essaie, essaie juste d'en laisser aller un.

— J'ai peur...

— Juste un, laisses-en aller juste un...

Après une longue hésitation, j'ai lâché un premier ballon. Il s'est envolé doucement, librement. Je l'ai regardé aller en me sentant coupable — j'étais censée m'en occuper, m'en préoccuper...

— Encore un autre. Laisses-en aller un autre, m'avez-vous encouragée à continuer.

Incertaine et paniquée, je vous ai regardé un instant, puis j'en ai laissé aller un, puis un autre, et deux autres...

Mes pieds ont commencé à toucher terre ; mes bras tiraient moins. Je ressentais la fatigue et je commençais à trouver ridicule d'être figée là, à tenir ces ballons. Parce que, pendant que j'étais là à les tenir, à paniquer, à forcer, à me fatiguer, je ne passais pas aux actes. Je le comprenais à cet instant. J'ai alors décidé d'en lâcher un à la fois et je les ai regardés s'envoler joyeusement dans les airs.

À la fin, je me suis étendue sur le gazon et je les ai regardés virevolter dans le ciel. Ils étaient maintenant si petits et si loin ! Je me suis mise à observer comment je me sentais : libre et apaisée. L'esprit tranquille. Je souriais. L'énergie me revenait. Mes idées étaient plus claires et j'étais reposée. Des solutions se présentaient maintenant à moi pour agir et pour faire face aux situations concrètes. (Les ballons n'étaient, quant à eux, que des représentations mentales, des « il faut ».)

Maintenant que j'avais retrouvé l'usage de mes bras et que j'avais allégé ma tête, j'ai pu choisir les solutions appropriées. J'ai pris des décisions pertinentes et j'ai agi de façon posée.

Réalisez-vous à quel point vous êtes sage et de bon conseil ? Merci de m'avoir aidée à me libérer !

Énoncé de gratitude

Je remercie chaque situation qui se présente à moi, car elle est toujours parfaite pour ce que j'ai besoin de vivre au moment présent. Avec reconnaissance, j'accueille la situation et j'accueille avec bienveillance l'émotion que je génère en moi. Je sais que toute situation est neutre, ni mal ni bien en soi. Mes émotions ne sont que les reflets de la perception que j'ai de cette situation. J'accepte de laisser aller l'émotion afin de mieux comprendre la signification que j'attache à la situation et de me permettre de m'en détacher. Ainsi, je me libère et j'accède aux solutions, aux décisions qui sont les meilleures pour moi, aux prochains pas à prendre pour poursuivre ma voie. Je me sens rempli de gratitude envers moi-même pour ce merveilleux cadeau. Je respire avec bonheur ces sentiments de liberté et de légèreté.

Chapitre 5
Vive l'insécurité !

Aujourd'hui, je me suis retrouvée confrontée à l'insécurité… Ah, l'insécurité ! Une de mes bêtes noires… C'est que je l'ai souvent nourrie, cette bête-là ! Oui, bon, je continue parfois à le faire, mais, heureusement, j'interromps le processus dès que je m'en rends compte !

En fait, ce sont des paroles de Deepak Chopra qui m'ont ouvert les yeux (les trois yeux !), il y a quelques mois : **l'insécurité est le territoire de toutes les possibilités**[1]. Ma bête noire venait de prendre quelques couleurs lumineuses, tout à coup. Le territoire de toutes les possibilités ? Ça me parle, ça !

À mes débuts en tant qu'« insécure », j'étais dans la catégorie du manque de confiance en soi et du doute… Du contrôle, aussi, devant l'insécurité, car on veut se sécuriser en contrôlant, n'est-ce pas ? Donc, il y a eu une longue période de mon histoire personnelle au cours de laquelle la « contrôlante » en moi a connu bien des angoisses, des crises de panique et des nuits d'insomnie

---

1. Deepak Chopra. *Les sept lois spirituelles du succès*, 6ᵉ loi : la loi du détachement.

vis-à-vis de tout ce que je ne contrôlais pas. Et parce que je ne pouvais pas tout contrôler, ça m'angoissait et ça m'insécurisait encore plus ! La roue infernale...

Au fil de mon cheminement, je me suis ouverte à de nouvelles perspectives et j'ai modifié mon état de victime en celui de créateur pour reprendre la responsabilité de ma vie et de mes expériences de vie. Plus solide, plus outillée et plus forte, je me suis mise à observer l'insécurité, à vouloir comprendre ce que c'est.

L'insécurité peut se définir comme un « état de ce qui n'est pas sûr ». Intéressant. Tout d'abord, on parle d'un état. À ce que je sache, un état, ça se change, non ? Ensuite, « qui n'est pas sûr ». Qu'est-ce qui me dérange quand quelque chose n'est pas sûr ? Pourquoi est-ce que je n'aime pas « quand ce n'est pas sûr » ? D'accord, j'aime bien avoir certains paramètres solides, certaines balises sécurisantes bien établies dans ma vie. Avouez que c'est réconfortant. En même temps, j'ai constaté qu'avoir des paramètres et des balises trop rigides pouvait m'amener à rater des occasions merveilleuses. En effet, si je suis trop centrée sur mes scénarios idéaux (dans l'enceinte de mes balises et du connu), lorsque les occasions merveilleuses se présentent, je ne les vois pas et je les manque.

C'est pourquoi les mots de Deepak Chopra m'ont tellement marquée, particulièrement lorsqu'il parle de la sagesse de l'incertitude. Il nous dit qu'un attachement rigide à ce qui est connu est limitatif et provient de conditionnement de notre passé. Il ajoute que, sans incertitude, nous tombons dans la routine monotone, dans la répétition de tout, **incluant ce qu'on ne veut plus dans notre vie**. Il n'y a donc pas d'évolution; il n'y a que stagnation, alors que l'incertitude est le domaine de toutes les possibilités, de la créativité et de la spontanéité.

Donc, sommes-nous en train de dire que l'inconnu ne contient pas que du méchant et de mauvaises expériences? Qu'il contient aussi des choses encore plus belles et plus adaptées à nos besoins? Tiens donc! Serait-ce que l'inconnu contient du positif? Serait-ce POSSIBLE que l'inconnu SOIT positif? Soudain, ma bête noire n'est plus ni si bête ni si noire!

En fait, aujourd'hui, je maintiens que l'insécurité, c'est merveilleux! Tout simplement!

Merveilleux pour autant que l'on accepte d'AC-CUEILLIR l'inconnu avec ouverture et optimisme. Là encore, ce n'est pas toujours facile, car, encore une fois, la croyance selon laquelle l'inconnu est un personnage rebutant est tellement ancrée profondément en nous qu'il se peut que l'on soit quelque peu réticent à lui ouvrir toute grande la porte… Cette programmation alimente nos angoisses et nos peurs vis-à-vis du futur. Toutefois, nous le comprenons maintenant, l'inconnu n'est pas que négatif, n'est-ce pas? Pensez à votre vie, à toutes les situations inconnues vers lesquelles vous avez été « forcé » d'aller… N'y avez-vous trouvé que du négatif? Honnêtement?

Et puis, je vous pose la question : qu'est-ce que le négatif? Encore une fois, tout est une question de perception et de programmation. Parce qu'au fond, tout est

EXPÉRIENCE. Du moment que l'on s'ouvre et que l'on cesse d'être en résistance, on diminue notre expérience de ce qui, pour nous, entre dans la catégorie du «négatif».

Donc, si je pose l'intention de profiter au maximum de toutes les situations qui se présentent à moi pour vivre les plus belles expériences qui me soient données, je dois accepter de prendre des risques, d'intégrer l'inconnu dans mon univers. Au début, on observe l'inconnu, les sourcils froncés, puis on le touche du bout du doigt... Éventuellement, avec la pratique, on affiche un grand sourire, et on accueille avec joie et plaisir tout cadeau de la nouveauté.

Devant l'inconnu, voici ma nouvelle programmation :

Dans l'inconnu se situent toutes les possibilités les plus belles et merveilleuses qui soient !
Ne serait-il pas agréable de profiter des plus belles occasions qui soient ?
VIVE L'INSÉCURITÉ ! VIVE L'INCONNU !

Aujourd'hui, j'affirme que ma sécurité se trouve dans le monde de tous les possibles parce que j'y crois ! Ma sécurité, c'est mon état intérieur d'ouverture envers tout ce qui est et tout ce qui est en devenir. Je trouve la sécurité dans l'incertitude parce qu'elle m'ouvre une multitude de portes. Je suis en sécurité, car je SAIS que je dispose en tout temps d'une multitude d'options toutes plus merveilleuses les unes que les autres !

Oui, je planifie quand même, je me pose des objectifs et des buts — sans rigidité, avec beaucoup de flexibilité, d'ouverture et d'écoute — puis je me mets en action dans le présent.

Si je ressens une crainte ou un sentiment de malaise, je vais voir à quoi cette résistance appartient : au passé ou au futur ? Est-ce une culpabilité, un regret, une peur en lien avec une expérience passée ? Si le passé est toujours dans mon présent, c'est que je n'ai pas fait l'apprentissage qui devait être fait et que la situation risque de se répéter et d'interférer avec mon présent. Si la résistance se présente sous forme d'angoisse ou d'inquiétude, elle appartient au futur. Je regarde alors ce que je suis en train d'anticiper (et de concrétiser) malgré moi, et je réajuste mes pensées. Dans le cas où, après avoir bien identifié la source de mon malaise, je réalise que c'est ma guidance interne qui me recommande de ne pas aller dans telle zone, je prends une autre direction.

En tout temps, je suis sûre de toujours vivre les plus belles expériences qui soient pour mon plein accomplissement dans le vaste monde de toutes les possibilités.

Bonjour, mon nom est Sylvie et j'accueille l'incertitude avec plaisir, car elle me comble !

Énoncé de gratitude

Merci pour toutes les possibilités qui s'offrent à moi dans ma vie. Je ressens énormément de gratitude pour tout ce qui est et tout ce qui est possible dans ma vie. Je suis reconnaissant de ma capacité d'ouverture, de réceptivité, de spontanéité, d'amour et d'acceptation. Même si certains aspects de cet état sont encore un peu difficiles pour moi, je m'aime et je m'accepte totalement. C'est avec soulagement, douceur et amour que je rencontre mes résistances envers l'incertitude et que je les reconnais. Je me remercie pour ce beau cadeau que je m'offre à cet instant précis. Merci!

Chapitre 6

Prendre de la perspective

Ce matin, un beau vendredi ensoleillé de juillet, je me suis levée tôt, désirant régler plusieurs dossiers dans mon avant-midi pour relaxer en après-midi. Comme chaque matin, je m'étire, je respire, je souris (merci, la vie!) et je descends prendre ma douche. Au passage, par automatisme, j'allume mon ordinateur. Je me frotte les yeux, m'étire encore... Puis, je me rends compte que mon ordinateur n'est pas allumé. Je presse à nouveau le bouton de mise en marche : toujours rien. Encore une fois... rien! Bouffée d'angoisse.

Depuis quelques semaines, je soupçonne un petit virus de s'être introduit dans mon appareil que je n'ai que depuis deux mois. Mais de là à le faire planter? Mon angoisse monte d'un cran... Ai-je perdu des fichiers? Ma dernière sauvegarde d'appoint date d'il y a deux semaines. J'ai avancé plusieurs dossiers et travaillé sur plusieurs documents depuis (dont le livre que vous tenez entre les mains). Je respire, presse encore le bouton... Toujours rien.

Soudain, quelque chose de spécial se passe en moi. Ma tension tombe d'un coup. Mes pensées se transforment ; plutôt que de ressentir de la peur, je commence à me détendre. Au fond, cela fait depuis le début de la semaine que je me dis que je devrais passer moins de temps devant l'ordinateur. On exauce mon souhait ! Merci ! Et puis, mes fichiers ne sont pas atteints, j'en ai la certitude (et s'ils le sont, eh bien, tant pis !, j'ai ma sauvegarde d'appoint, donc tout n'est pas perdu). Si j'ai besoin de prendre mes courriels aujourd'hui ? J'ai l'ordinateur de mon fils, mon téléphone intelligent et même l'ordinateur du bureau où j'ai rendez-vous ce matin. Bref, ma vie n'est pas en danger.

Je vais donc sous la douche et je pars pour mes rendez-vous. Il fait beau, je souris et je chante en conduisant. Je m'imagine revenir à mon ordinateur et que tout fonctionne bien. Je suis surtout TELLEMENT heureuse de me sentir aussi bien. Libre de la peur, libre de l'angoisse. Tellement légère. Un soulagement. Entre deux rendez-vous, je texte à un ami que mon ordinateur est en panne et il me donne un truc à essayer. De retour à la maison, j'essaie son truc (débrancher l'appareil, retirer la pile, attendre quelques minutes, réinsérer la pile et redémarrer). Et voilà mon appareil de retour à la vie, sans problème ! (J'écris en ce moment ces lignes à partir du fameux ordinateur en question.) Simple, facile, fluide et agréable.

Je ne comprends pas trop ce qui s'est passé en moi. En toute honnêteté, un appareil qui ne fonctionne pas a pour habitude de déclencher en moi une réaction de frustra-tion (d'autant plus que c'est la pleine lune demain et que cette dernière a habituellement des effets percutants sur ma patience et mon humeur). Donc, je m'attendais à voir mon niveau d'impatience et de mauvaise humeur monter; à être frustrée de ne pas comprendre ce qui se passe et de ne pas pouvoir utiliser l'appareil pour ce qu'il est censé faire, sans compter qu'il est neuf !

Et là, ce matin, une douceur s'est installée par rapport à la situation. Un sourire et une curiosité de voir la suite des choses, de savoir où me mènerait ce revirement de situation. J'ai accepté les faits, je m'y suis adaptée, j'ai identifié des solutions temporaires satisfaisantes et j'ai gardé ma bonne humeur. Le plus rigolo dans tout ça est que mon dernier rendez-vous de l'avant-midi était un appel téléphonique et que le client au bout du fil me demandait de prendre connaissance d'un courriel qu'il venait de m'envoyer. Lorsque je lui ai dit que je n'avais pas accès à mon ordinateur pour l'instant car il était en panne, mon interlocuteur m'a répondu sur un ton légère-ment accablé : «Bon, encore un imprévu. Il me semble que je n'ai que ça, des imprévus, depuis ce matin !» Je n'ai pas pu m'empêcher de sourire.

Si je m'étais laissée aller à l'impatience et à la frustra-tion en ce beau vendredi matin, comment se seraient déroulés mes rendez-vous et mon avant-midi ? De quelle façon aurais-je répondu à mon client accablé à l'autre bout du fil ? J'aurais plongé avec lui, sans aucun doute. Mais, au lieu de la négativité et du drame, j'étais dans le détachement et la légèreté. J'ai pu mesurer toute l'ampleur de l'écart entre mon état et celui de mon client au bout du fil. J'étais fascinée par cette vision si claire qui s'offrait à moi. Et je me félicitais du choix que j'avais fait de me détacher et de m'ouvrir.

Il arrive parfois que nous soyons trop pris dans l'émotion, que toute notre attention soit mobilisée par ce bouillonnement émotif. Nous n'arrivons plus à ajuster notre focus.

Voici un exercice qui m'aide à reprendre contact avec la terre quand cela m'arrive : je respire profondément à plusieurs reprises et j'attrape tout objet à ma portée — bibelot, bouteille d'eau, chaussure, pierre (j'ai d'ailleurs plusieurs pierres ici et là, dans chaque pièce et dans mon sac à main) — pour me concentrer sur l'observation de ce dernier. (Et non pour le lancer à la tête du premier venu !)

Je vous propose d'effectuer l'exercice.

Les yeux fermés, vous tenez l'objet dans vos mains et respirez profondément à quelques reprises. Sentez la forme de l'objet, sentez l'espace qu'il prend dans vos mains. Après quelques minutes, ouvrez les yeux. Observez-en la couleur, la texture, l'odeur. Prenez votre temps, respirez, absorbez-vous dans l'observation pendant plusieurs minutes. Respirez profondément.

Et maintenant ? Où en étiez-vous juste avant de faire cet exercice ? Ah oui, à cet événement frustrant… Mais qui vous semble probablement moins envahissant, tout à coup. En déplaçant votre focus momentanément, vous avez pu vous en détacher pour y revenir avec une perspective différente par la suite (et un état émotif plus calme, ce qui aide aussi).

Personnellement, j'adore faire cet exercice avec un arbre — je l'observe, le contemple, le touche, le sens. D'autres personnes pourront retrouver le focus en se permettant une pause et en se faisant un thé ; sentir la chaleur de la tasse dans la main, savourer les gorgées. Ou encore en câlinant leur animal de compagnie et en jouant avec lui.

Bref, cette activité qui porte votre attention ailleurs afin de vous offrir une pause vous permet de dédramatiser la situation et de vous installer dans le détachement pour prendre du recul.

À pratiquer sans limites ni autre effet secondaire que le bien-être et la légèreté !

Énoncé de gratitude

Je suis reconnaissant pour la merveilleuse capacité que j'ai de prendre de la perspective. Je me donne l'autorisation de prendre du temps pour moi, pour retrouver mon focus lorsque j'en ressens le besoin. Je sais reconnaître les signes qui m'indiquent que je suis dans l'émotion. Je me détends, je souris, je m'ouvre avec curiosité à la suite des choses. Ce faisant, je me positionne dans la légèreté et, ainsi, mon focus est constamment centré sur mon bien-être. Merci !

Chapitre 7

Simple, facile, fluide et agréable

Je ne sais pas si vous êtes comme moi, mais j'ai une certaine tendance, particulièrement quand je suis fatiguée, à me monter des scénarios de toutes pièces d'une situation qui n'est même pas existante. J'anticipe, je mets en scène et je crée. Et je suis excellente pour créer! Malheureusement, mes créations ne me font pas que du bien… Il m'arrive aussi de me créer mon propre stress.

Je venais de traverser une période très chargée et intense — séances de signatures en librairie, spectacles de musique, conférences, contrats en ressources humaines, finalisation d'écriture de mon deuxième livre (celui que vous tenez étant le troisième), en plus de toute la coordination, l'organisation et la planification de ces activités (faire du suivi, attendre des confirmations, remplir des documents, etc.).

Une prolifique, stimulante et merveilleuse période de réalisations de toutes sortes, mais qui a aussi eu raison de mes réserves d'énergie. Travaillant sept jours sur sept et me réveillant la nuit pour prendre des notes, je m'étais retrouvée fatiguée, essayant de tout régler et de ne rien oublier. Ma tête était pleine… mais il semble qu'il y restait de la place pour des scénarios de désastre.

En effet, étant plus fatiguée, j'ai laissé ma tendance à l'insécurité prendre le dessus. Dès que je ne recevais pas la confirmation que j'attendais ou que je ne parlais pas IMMÉDIATEMENT à la personne chargée de l'activité à laquelle je devais participer, mon esprit partait dans tous les sens, m'envoyant des images très déplaisantes — arriver sur place alors que les gens ne sont pas avisés ou que rien n'est prêt, ou bien arriver sur scène pour chanter et oublier mon matériel ou encore les paroles des chansons. L'angoisse montante étant attisée par ces scénarios pénibles, je tire, je pousse, je mets de la pression, je me bouscule moi-même et les autres.

STOP! Arrêt sur image et focus : que se passait-il? J'étais en mode résistance — je n'étais pas dans la facilité, la fluidité et la simplicité. Ni dans le plaisir et le bien-être. Ce n'était pas agréable du tout. Plus je me créais des scénarios dans ma tête, plus je me sentais envahie par l'émotion — agacement, déception, frustration, parfois même agressivité. Tout ça DANS MA TÊTE. Car, dans les faits, une fois arrivée sur les lieux, tout se passait bien. Pas de catastrophe.

Pourquoi, je me le demande, pourquoi m'étais-je laissée aller dans cette direction?

Passionnée… Je suis une passionnée. Cela m'amène parfois à aller au-delà de mes limites, à oublier de m'écouter. Ou plutôt à négliger de m'écouter. Et la fatigue s'accumule. J'ai tellement de plaisir à accomplir que j'oublie d'équilibrer. D'équilibrer mon emploi du temps, d'équilibrer le donner et le recevoir. Je donne beaucoup d'énergie, mais je néglige de m'accorder du temps de repos et de la douceur.

Je le sais, je me connais : la passionnée en moi vibre dans l'action, ce qui me pousse au-delà de mes limites, et je me crée des carences : sommeil, alimentation, exercice. Tout devient déséquilibré. En déséquilibre, j'ai plus de mal à jongler avec les détails de tout ce que je désire accomplir. La peur s'installe : celle de ne pas bien performer, d'en oublier des bouts. Et puis, la méfiance s'installe aussi — et si EN PLUS ceux qui m'accompagnent dans les projets en oublient aussi des bouts ? C'est la roue infernale : je brûle encore plus d'énergie à m'en faire pour des « et si ».

Une merveilleuse synchronicité a voulu que j'atteigne le fond de mon baril deux jours avant de donner une conférence ayant pour thème « L'équilibre par la santé physique et mentale ». Ironique, vous ne trouvez pas ? Et en même temps, un si beau cadeau de la vie ! Je vous raconte.

Un beau mardi matin, un petit irritant quelconque s'est pointé et me voilà qui frise la panique. Avant même que je ne m'en rende compte, un tsunami « d'écœurantite » aiguë m'avait complètement submergée. Il n'était que 7 h 30 et j'étais déjà au bout de mon rouleau. J'avais une rencontre tout l'avant-midi, alors je me suis recomposée, j'ai pris de grandes inspirations dans la voiture et mon avant-midi s'est très bien déroulé.

Une fois sur le chemin du retour, par contre, je me suis mise à réfléchir à ce qui s'était passé le matin même. Et je me suis dit : «Décidément, ma belle Sylvie, il est temps que tu fasses une rencontre avec toi-même afin de faire le point. Tu vas prendre une plus longue pause pour le dîner, quitte à repousser des activités que tu avais prévues cet après-midi. Ici et maintenant, TU ES TA PRIORITÉ.» En effet, si une amie était venue me voir et qu'elle avait été dans l'état dans lequel je me trouvais ce matin-là, j'aurais pris du temps pour elle, pour l'écouter. Alors, je serais ma meilleure amie.

Constat : à l'évidence, j'étais en déséquilibre, ce qui affectait ma santé physique et mentale. (Tout en faisant ce constat, je me disais : «En plus, je donne une conférence sur l'équilibre, jeudi… Oh my God!») Malgré moi, j'ai éclaté de rire, ce qui m'a fait respirer un bon coup. Parfait, c'était un bon départ.

Puis, je me suis souvenue qu'il y a quelques années, j'avais décidé que je voulais que ma vie soit simple, facile, fluide et agréable. Dans toutes les sphères et tous les aspects de ma vie, dont la santé et l'abondance. À l'évidence, je suis humaine et, quelque part, j'avais dû oublier ou délaisser cet engagement en cours de route…

Donc, dans ma rencontre avec moi-même en ce mardi midi, je me suis répété cette phrase : «Je veux que ma vie soit simple, facile, fluide et agréable.» En fait, ma vie EST simple, facile, fluide et agréable.

Automatiquement, un intense sentiment de soulagement s'est installé en moi. Une grande douceur, aussi. Et j'ai senti très clairement un changement dans mon énergie. J'étais en mode ouverture (au lieu de résistance).

Dans cet état plus allégé, je me suis à nouveau mise à rire : puisque ma vie était simple, fluide, facile et agréable, qu'est-ce que j'avais bien pu faire pour la compliquer ? Parce que j'avais dû me la compliquer quelque part pour me retrouver dans l'état dans lequel j'étais ce matin-là !

À cet instant, j'ai eu un premier élan... En état d'ouverture, j'ai ressenti très clairement l'élan monter : j'ai eu le besoin de faire le schéma des activités dans lesquelles j'étais présentement engagée. J'aime le visuel et le concret, donc j'ai fait un dessin, une espèce de schéma en bulles et en lignes pour chacune des sphères d'activité et pour les actions entreprises ou à entreprendre.

Ensuite, des questions ont surgi. Je les ai laissées émerger, j'ai pris des notes, j'ai observé comment je me sentais, sans juger. Est-ce que j'en avais trop dans mon assiette ? Quelles étaient mes priorités ? Quelles étaient les tâches les plus faciles pour moi ? Les plus difficiles ? Pouvais-je déléguer ? Si non, étais-je prête à en laisser aller ?

Cet exercice m'a permis de faire un pas important : reconnaître et accueillir des préoccupations et des limites auxquelles je n'avais jamais prêté attention. Centrée dans l'action comme je l'étais, je me disais que j'étais en mesure de jongler avec tout ça, alors qu'en réalité je m'en imposais beaucoup trop !

Ensuite, j'ai mis le tout de côté, car j'ai senti un second élan. J'ai senti le besoin de me reconnecter avec mon équipe interne, que j'avais délaissée dans tout ce brouhaha.

Je me suis donc branchée et centrée, puis j'ai pris l'ascenseur pour aller faire un gros câlin à Égo et à Mental. Je leur ai donné le mandat de s'ancrer dans le plaisir et la douceur. Puis, je suis descendue en moi, vers mon Centre, en me connectant à mon cœur au passage. Je me suis installée dans la lumière de mon coffre aux trésors et j'ai respiré.

De cet endroit, j'ai pris conscience à quel point, au cours des derniers mois, j'avais été plus préoccupée à **faire** qu'à **être**. Plus souvent au centre de mes activités qu'au centre de moi-même ; axée vers l'extérieur au lieu de l'intérieur. Je surfais sur la vague de l'énergie générée par mes activités, et non dans l'énergie puisée en moi. J'étais branchée sur l'extérieur, souvent en mode réactif au lieu d'intuitif.

C'est souvent comme ça dans la vie, vous ne trouvez pas ? On se retrouve vite propulsé dans le « faire », pris dans le tourbillon de l'action.

C'est à ce moment-là qu'il est important de reprendre sa place, de retrouver son équilibre, dans la douceur, afin que la vie continue d'être telle qu'on la désire vraiment et telle qu'elle EST vraiment — simple, facile, fluide et agréable. Tout simplement légère.

Ce jeudi-là, j'ai délaissé le texte que j'avais préparé et j'ai plutôt présenté une inspirante conférence basée sur l'anecdote que je vous ai décrite ici (avec mon schéma en prime!). Plusieurs personnes de l'assistance sont venues me voir après coup pour me remercier de ce partage dans lequel elles s'étaient reconnues. Je remercie encore cette merveilleuse synchronicité et ses enseignements, qui sont tombés pile dans le thème et dans le temps. Comme quoi rien n'est laissé au hasard...

Et le petit irritant qui avait déclenché le tsunami? J'ai délégué la tâche et tout s'est réglé de façon simple, facile, fluide et agréable. Prochaine étape : me coucher plus tôt!

Énoncé de gratitude

Merci pour la merveilleuse ouverture qui s'opère dans ma conscience. J'ai la capacité de prendre de la distance, d'écouter et d'observer paisiblement mes émotions, dans la douceur, et d'y répondre de façon saine pour mon bien-être et pour celui des autres. Même si je n'y arrive pas chaque fois, je m'aime et je me respecte totalement. Je m'ancre dans l'équilibre et tout redevient simple, facile, fluide et agréable. Un sublime sentiment de gratitude m'envahit avec bonheur!

Chapitre 8

Ayoye, tu m'fais mal...

Dernièrement, certains souvenirs du passé ont refait surface, soit par le biais de conversations avec ma famille et mes amis, soit en lien avec un événement spécial, soit par l'intermédiaire de rêves qui m'ont replongée dans des situations passées.

Ces deux dernières semaines, ces souvenirs sont revenus avec insistance dans ma tête, accompagnés de sentiments que je croyais oubliés. Par réflexe, quand ça se produit, j'ai tendance à ressasser — vous savez, quand on se repasse en boucle les événements, ce que l'autre a dit ou a fait, comment on s'est senti et comment on a réagi, etc. Bien entendu, ce petit jeu a pour effet de nous imprégner de sentiments négatifs et d'alimenter le ressentiment et la rancune envers les personnes ou les situations. Je ne fais pas exception.

Pourquoi cela se produit-il ? Pourquoi certains souvenirs refont-ils surface sans demander la permission en transportant une vague de sentiments inconfortables ? C'est que nous n'avons pas fait la paix avec les situations, les personnes et les sentiments impliqués dans l'histoire en question au moment où cela s'est produit. Faire la paix veut dire reconnaître et accepter ce qui s'est passé, et la façon dont nous nous sommes sentis, puis s'en libérer. Le fait de ressasser nous indique qu'il y a des résistances et des lourdeurs envers ce qui a été, de même qu'un refus de notre part de laisser aller.

Ainsi, quand je sens que je tends vers le brassage de négatif, je mets en pratique l'exercice de réécriture du scénario. Je veux refaire l'histoire pour me libérer de ces sentiments et de ces résistances que je n'ai pas accueillis, reconnus et libérés. Au début de cet exercice, je j'exprime l'intention de me sentir mieux, dans le respect et dans l'amour. Le but ici n'est pas d'activer une séance de vengeance ; toutefois, si les émotions sont très fortes (colère, agressivité), il est important de les laisser sortir, que ce soit par une bonne crise de larmes, une séance de boxe dans des oreillers ou une course en nature jusqu'à épuisement. Certaines personnes hésitent à exprimer leurs émotions, alléguant qu'il n'est pas bon d'exploser. Premièrement, chacun a sa propre façon d'exprimer ses émotions ; ça ne se fera pas nécessairement dans des éclats. Deuxièmement, ce qui est pire, c'est d'accumuler, de dissimuler et d'enfouir nos émotions en nous, car nous nous mettons alors à couver une bombe à retardement qui affectera tôt ou tard ou bien notre santé mentale, ou bien notre santé physique, voire même les deux. Le relâchement des tensions physiques et des résistances est la première étape vers la libération, car, ensuite, nous pouvons tourner notre attention vers les résidus d'émotions pris en nous.

Donc, l'exercice de réécriture du scénario me permet de libérer les émotions et de rétablir l'équilibre en moi. Pour ce faire, je reprends le scénario initial, tel qu'il s'est produit et que je l'ai perçu, puis je revois la façon dont je me suis sentie. Ensuite, je me demande de quelle façon, DEVANT LA MÊME SITUATION, il aurait été possible que je réagisse pour mon plus grand bien-être (dans la douceur, le respect et l'amour).

Par exemple, dans le scénario que j'avais à réécrire (relié aux fameux souvenirs qui ne cessaient de me hanter ces dernières semaines), j'étais dans une situation où j'ai accepté un compromis qui, dans le fond, m'a fait beaucoup de peine. L'événement s'est produit il y a deux ou trois ans. À l'époque, j'avais bien expliqué à la personne ce que je désirais dans le cadre d'un événement significatif pour moi et, à la dernière minute, parce que la personne n'en avait plus le goût, elle a changé les plans sans me consulter. Parce que c'était à la dernière minute et que, dans le fond, j'avais envie de passer du temps avec cette personne, je me suis tue et j'ai accepté le compromis. Mais j'en suis restée avec une amertume qui, des années plus tard, a refait surface, à ma grande surprise ! Je le sais, car, lorsque j'ai repensé à la situation, plutôt que de rester neutre, j'ai senti monter les sentiments de déception, de frustration, d'irritation, de regrets, d'amertume, d'incompréhension et les fameux « j'aurais donc dû ».

Donc, pour l'exercice de réécriture du scénario, j'ai visualisé sur mon écran mental la situation en question et, au moment où la personne m'annonçait le changement de plan, j'ai commencé la réécriture. Ça peut prendre plusieurs essais pour en arriver à mon scénario final. Aux premières tentatives, j'avais tendance à accuser et à blâmer l'autre personne, à la traiter d'égoïste. Puis, d'essai en essai, j'en suis arrivée au scénario de respect et d'amour — de moi et de l'autre : la personne m'annonce le changement de plan et je lui explique doucement l'importance de l'événement pour moi, ce que je désirais et l'entente que nous avions prise. Je lui explique que ce changement n'est pas satisfaisant pour moi, qu'il ne correspond pas à ce que je désire. Je demande à la personne si elle est prête à maintenir le plan initial.

Et là se situe pour moi la partie la plus difficile — ACCEPTER LA RÉPONSE DE L'AUTRE. Si elle décide que le plan initial ne lui convient plus et qu'elle ne veut pas reconsidérer sa décision, ça lui appartient. Je peux tenter de comprendre, de discuter, de l'influencer, de négocier un compromis en toute bonne foi (sans manipulation, s'il vous plaît !), mais je me dois de respecter SA décision. Là se situe toute la résistance, dans mon cas, car là se trouvent deux de mes grandes blessures : le rejet et l'injustice. Et de là démarrent toutes les plaintes imaginables : MOI, je fais tellement de compromis pour cette personne ; MOI, j'en fais toujours plus qu'elle ; MOI... Mon MOI se sent blessé, affecté, négligé, rejeté, incompris.

Eh bien, vous savez quoi? ÇA NE CONCERNE PAS L'AUTRE! Ce n'est pas SON problème. J'aimerais bien que ça le soit, que l'autre prenne mon problème à sa charge et le règle pour moi en évitant de faire quoi que ce soit pour me piquer dans mes blessures, qu'elle me couve, me comprenne et m'entoure d'un cocon protecteur, mais m'aiderait-elle vraiment, ce faisant? Me permettrait-elle d'expérimenter, de comprendre ce qui m'appartient et de me libérer de ce qui me nuit dans mon cheminement — en l'occurrence le manque de reconnaissance, de respect et d'affirmation de mes besoins? NON, absolument pas! Au contraire, elle m'enlèverait ma responsabilité, ma LIBERTÉ.

Et ça, c'est ce qui m'a pris le plus de temps à ACCEPTER. Et maintenant que je l'ai compris et intégré, mon Être (mon énergie intérieure) soulève un à la fois les résidus d'émotions non réglés que j'ai besoin de guérir et de libérer. C'est notre travail d'équipe. Je pourrais avoir tendance à me dire: «D'accord, j'ai compris, alors je fais attention à ne plus retomber dans le piège. Pourquoi me ramènes-tu tout ça, alors?» «Pour nous libérer de tout ce qui est enfoui depuis tant d'années», me répondrait mon Être intérieur. Car dès le moment où l'ouverture de conscience se fait, le travail ne se termine pas: il ne fait que commencer! On se libère du tas de détritus qu'on a enfouis en nous et, EN MÊME TEMPS, nos expériences de vie continuent de nous apporter des situations simi-laires (des déclencheurs) pour s'assurer que nous avons bien intégré la leçon, que nous ne reproduisons plus les mêmes comportements.

Comment sait-on qu'on a réglé une blessure de notre Être intérieur ? Une bonne journée, on se surprend à regarder une situation et à se dire : « Tiens, il me semble qu'il y a quelque temps, j'aurais éclaté devant un truc de ce genre, alors qu'aujourd'hui, ça a à peine retenu mon attention. » Et on se sent libéré, tellement léger et magnifiquement bien et fier de nous !

Le processus de réécriture de scénario me permet d'entrer en contact avec la blessure et avec l'émotion enfouie, de leur donner l'attention, l'amour et la reconnaissance dont elles ont besoin pour m'en libérer, puis de permettre à mon Moi authentique d'émerger avec amour et respect.

Il semblerait donc que, depuis les deux dernières semaines, mon Être intérieur tentait d'attirer mon attention par le biais de plusieurs synchronicités (discussions, rêves, souvenirs qui émergent pour un rien), m'indiquant qu'il était prêt à se libérer de certaines blessures et résistances, de certains résidus d'émotions.

Alors, c'est avec joie et bonheur que je vais lui accorder ici et maintenant de l'attention, de l'amour et du temps. Je me libère. Youpi !

À plus tard…

Énoncé de gratitude

Merci à mon Être intérieur, qui veille constamment à attirer mon attention vers les apprentissages que j'ai besoin de faire pour l'évolution de mon âme. Même si je ne comprends pas toujours ses messages insistants, je m'aime et je me respecte totalement. Je suis infiniment reconnaissant pour toute l'aide et tout le soutien que je reçois à tout moment de ma vie, et je comprends que les expériences qui entrent dans ma vie sont pour mon plus grand bien. Je me libère avec gratitude!

Chapitre 9

Passé, présent et futur

Me voilà de retour après une belle période de libération!

En passant, la libération se passe dans l'amour et la douceur; ça ne fait pas mal, ne vous en faites pas! (Souvent, quand on parle de libération, on pense à un accouchement. Je vous rassure, ça n'a rien à voir!) Juste le temps de danser librement dans mon salon, de faire une promenade, de respirer profondément en m'absorbant dans l'observation de la nature et en ressentant joie et bonheur, le processus s'effectue. Quand notre Être est prêt, il n'a besoin que de notre ouverture et de notre acceptation en toute conscience pour laisser aller. Ce qui veut dire que j'ai reconnu son message, que j'y ai accordé de la présence consciente, que je me suis mise en situation d'ouverture et de joie et, surtout, que j'ai ACCEPTÉ la libération. Devinez quoi? J'ai dit OUI, je le veux!

Pendant ce processus, j'ai ressenti le besoin de me replonger dans des notes que j'ai prises à l'écoute du fascinant livre audio de Spencer Johnson : *Le présent*. J'adore ce récit. On y parle du passé, du présent et du futur, de la quête du bonheur à travers ces sphères du temps. On y découvre que le présent (le cadeau), c'est le présent (ici et maintenant).

La notion du temps a été inventée par l'humain pour le situer dans l'ordre des événements. Certains disent que le temps n'existe pas, d'autres qu'il est multidimensionnel et qu'il existe des mondes et des « ici et maintenant » parallèles. D'autres encore maintiennent que seul le présent est réel. Je n'entrerai pas ici dans ces concepts, bien que je m'intéresse énormément à la physique quantique.

Ce qui retient mon attention aujourd'hui, c'est l'UTILISATION que nous faisons du temps. La façon dont nous apprenons du passé et planifions le futur, pour mieux vivre (ou pas) le présent. Je trouve ce sujet très en lien avec mon processus de libération actuel. D'autant plus que ce que Spencer Johnson transmet par son récit *Le présent* m'a beaucoup touchée.

Il mentionne entre autres que l'utilité du présent est d'ÊTRE, celle du passé est d'APPRENDRE et celle du futur est de PLANIFIER. Il dit aussi qu'il est difficile d'oublier le passé si on n'en a pas tiré la leçon qu'on devait intégrer. Une fois que c'est fait, il nous est possible de nous détacher, de lâcher prise et d'agir de façon à améliorer notre présent. Spencer Johnson ajoute qu'il ne faut pas vivre dans le passé ni dans le futur, mais plutôt les UTILISER. Par exemple, si on se sent malheureux, dépassé, écrasé, qu'on ne réussit pas à atteindre ce que l'on désire, il est temps d'apprendre du passé ou bien de planifier le futur. En effet, pour Johnson, si l'on n'est pas conscient du présent, on ne sait pas ce qui s'y passe ; si l'on n'apprend pas du passé, on ne peut pas planifier ; et si l'on ne planifie pas, on dérive. Il ajoute qu'il est important de planifier avec souplesse, de demeurer ouvert à toutes les possibilités (et non d'**anticiper** toutes les possibilités).

Je remarque que le présent est rarement vécu au présent — il est souvent alourdi par le passé ou le futur. C'est que nous continuons d'alimenter de vieilles émotions.

Une personne s'est un jour indignée à ma réponse à sa question à savoir pourquoi il lui était si difficile de faire la paix avec son passé. Elle m'a dit : « Mais Sylvie, tu ne comprends pas ! Tu n'as AUCUNE IDÉE de tout ce que j'ai vécu. C'était horrible et vraiment très difficile. C'est à cause de ces événements si j'ai autant de difficulté dans ma vie aujourd'hui. »

Je ne doute pas que certaines personnes aient vécu des situations extrêmement difficiles ou que l'on qualifierait même d'inhumaines, et je ne minimise en aucun cas les douleurs ressenties. Certaines sont à ce point ancrées dans nos cellules qu'il est difficile de les déloger pour les libérer.

Toutefois, je crois sincèrement que la raison pour laquelle cette personne dit avoir de la difficulté dans sa vie aujourd'hui, ce n'est pas À CAUSE des événements pénibles qu'elle a vécus. Si la douleur est toujours présente aujourd'hui, c'est probablement qu'elle a été soit étouffée, soit entretenue, alimentée. Je ne suis pas psychologue et c'est avec beaucoup de douceur et de délicatesse que je veux ici clarifier que mon intention est de vous inviter à considérer la différence entre l'événement (les faits) et les traces émotives laissées en nous par notre façon de réagir à ces faits.

Les situations et événements appartenant au passé n'existent plus. Elles ne survivent que dans notre mémoire. Ainsi, si vous êtes dans une situation similaire à la personne mentionnée ci-dessus, j'aimerais vous inviter à doucement déplacer le faisceau lumineux que vous tenez braqué sur l'événement en question (et les personnes impliquées) pour l'amener sur le résidu d'émotions en vous. Je sais que cet exercice peut être très pénible à effectuer et qu'il y a des raisons pour lesquelles vous ne l'avez peut-être pas fait jusqu'à maintenant. Vous aurez peut-être même besoin de soutien professionnel pour aller à la rencontre de votre blessure afin d'en prendre soin. Car c'est elle qui requiert votre attention, et non le passé (incluant les événements et les personnes impliquées).

Le passé étant ce qu'il est, il n'en reste que ce que nous en avons retiré. Ce que vous avez retenu de vos expériences vous sert-il de façon saine, aujourd'hui ? Oui ? Tant mieux ! Si non, je vous invite à diriger votre lumière en vous, vers la blessure.

On entend souvent que l'on est « responsable de notre vie », de l'état dans lequel on se trouve. À mes oreilles, cette expression m'a toujours semblé lourde (ah non, encore une responsabilité!) ou encore elle peut sous-entendre de la culpabilisation (si je me sens ENCORE de telle façon, c'est que je n'ai pas RÉUSSI à m'en débarrasser, ou que je n'arrive pas à être assez responsable pour prendre en main la blessure). Alors pour ceux qui le perçoivent comme je viens de le décrire, j'insiste pour dire que l'état dans lequel vous êtes présentement n'est PAS de VOTRE FAUTE. Le pire serait d'ajouter de la culpabilité ou de la haine envers vous-même. Nous faisons TOUJOURS au mieux de notre connaissance. La beauté de l'évolution et de l'éveil de la conscience est qu'au fil de notre progression, nous prenons de plus en plus contact avec nos ressources et nous découvrons des zones inexplorées de nous qui nous permettent de soigner de vieilles blessures. Nous avons le **pouvoir**, le **choix** et la **liberté** d'utiliser nos ressources pour prendre soin de notre bagage émotif et énergétique. (Remplacez le mot «responsabilité» par «pouvoir», «choix» et «liberté». C'est plus léger, vous ne trouvez pas?)

C'est ce pouvoir que je veux vous encourager à reprendre dès à présent, car il nous redonne notre liberté. C'est notre présent (dans le sens de «cadeau» et d'«ici et maintenant»). Soyons-y présent — portons-lui notre attention consciente.

Blâmer le passé et les autres nous fait perdre notre pouvoir, nous reléguant à la position de victime, alors que puiser dans nos ressources pour prendre soin de nous avec amour nous ramène dans notre juste rôle de créateur de notre vie.

Je décide et je choisis en toute liberté qui je suis aujourd'hui : le créateur de ma vie, ici et maintenant !

Énoncé de gratitude

J'accepte avec gratitude de vivre au présent. Je suis immensément reconnaissant du pouvoir que j'ai de créer ma vie ici et maintenant. Je me sers des apprentissages de mes expériences passées et je prépare mon futur, la réalisation de mes rêves, sans l'anticiper. Je suis dans le bien-être et l'action, ici et maintenant. Je demeure à l'écoute de mon Moi supérieur, qui me guide dans l'amour et la douceur. Je prends pleinement conscience que le temps n'existe pas et que tout ce qui compte est l'utilisation que je fais du moment présent pour créer ma vie. Merci !

Chapitre 10
R-E-S-P-E-C-T

Je me suis récemment surprise en flagrant délit de manque de respect envers moi-même... encore une fois ! Mais je me soigne, rassurez-vous !

Le manque de respect envers moi est effectivement un mécanisme bien instauré en moi. Enfin, mon but n'est pas de me manquer de respect, non ; mon mécanisme est plutôt de mettre de côté mes propres besoins pour répondre à ceux des autres. Je veux les aider et m'assurer qu'ils sont heureux, quoi ! Ma mission dans cette vie étant de contribuer au bonheur et au bien-être des autres et à leur plein épanouissement, il est important pour moi d'être à l'écoute de leurs besoins.

Sauf que voilà, trop souvent dans ma vie, j'ai utilisé des façons nuisibles de contribuer au bien-être des autres. Nuisibles car, malheureusement, plutôt que de favoriser le plein épanouissement de ces personnes, je leur ai inconsciemment retiré leur pouvoir... pour me le mettre sur les épaules. En prenant des responsabilités qui n'étaient pas les miennes, en les gavant de solutions toutes faites par moi-même plutôt qu'en les guidant et en les encourageant à trouver elles-mêmes ce qui leur convenait le mieux. En parlant à la place des autres, grande défenderesse que je suis. Bref, sans m'en douter une seconde, j'ai nui au processus d'épanouissement de ceux que je voulais aider… et je me suis nui à moi aussi. Étant trop à l'écoute des besoins des autres, je mettais de côté les miens.

J'ai pris conscience de cette tendance il y a quelques années, en observant que mon fils adolescent semblait manquer de confiance en lui. J'ai constaté que j'avais souvent eu le réflexe de faire les choses pour lui. Par ailleurs, en tant que coach en gestion de carrière et relation d'aide, j'ai, par le passé, eu tendance à prendre sur moi de trouver des solutions pour mes clients. En me mettant à y réfléchir, j'ai vu de multiples exemples de ce genre commencer à défiler sur mon écran mental. C'était on ne peut plus clair !

Le pire, c'est combien j'en ai souffert : sentiments de surcharge, d'impuissance, d'épuisement, de frustration et autres de ce genre. Peut-être que les autres personnes se sentaient bien lorsque je les « aidais » (du moins, momentanément) et que j'en retirais une certaine satisfaction, momentanée elle aussi ; mais la douleur que j'en ressentais s'accumulait progressivement.

À force de m'observer, j'ai été frappée par la lumière (les prises de conscience peuvent être brutales, parfois).

Premièrement en agissant de la sorte, en « mère Teresa », j'empêchais les autres de prendre leur place. Deuxièmement, j'étouffais mes propres besoins et je ne prenais pas ma vraie place à moi (dans le respect de mes besoins).

Alors, il y a quelque temps, j'ai amorcé une transition et j'ai commencé à faire des choix différents dans ma façon d'aborder les choses. Oui, je vous le confirme, qui dit transition dit chamboulements — des personnes se rapprochent, d'autres s'éloignent. Mais, quand nos choix sont en alignement avec notre cœur, tout devient plus lumineux dans notre vie.

Ainsi, à mon fils, j'ai expliqué que j'étais toujours là pour lui, mais que je voulais désormais l'encourager à faire les choses à sa manière, à explorer, à se tromper et à se reprendre. Je lui ai dit que j'étais là pour le guider, pour lui offrir des options et des outils, et pour l'encourager. Que de merveilleux changements se sont opérés en quelques semaines à peine ! J'ai eu l'impression de voir renaître mon fils, de le voir s'épanouir et prendre des risques. De mon côté, j'ai senti moins de pression, moins d'obligations et moins de frustration.

Puis, je me suis mise à m'observer dans mes projets et avec mes collaborateurs. J'ai rapidement ciblé les projets qui me faisaient vibrer et ceux qui drainaient mon énergie. Je me suis alors interrogée sur la source de ces sentiments d'oppression, d'obligation et de frustration entourant certains projets. Dans certains cas, j'ai réalisé que je demeurais dans le projet non plus par plaisir, mais par obligation.

Devant cette prise de conscience, j'ai bien compris qu'il était grand temps pour moi de faire des choix différents : de m'ouvrir à mes besoins et de m'engager à respecter ces derniers, même si cela voulait dire interrompre une collaboration ou mettre fin à un projet. Oh, quelle étape difficile pour moi ! (Et pour plusieurs d'entre nous, humains, j'en suis certaine.) Culpabilité, peur de déplaire, sentiment de laisser tomber l'autre... Moi, celle qui désire tant servir le bien-être des autres, j'allais les contrarier ! Et c'est effectivement ce qui s'est produit dans certains cas. En m'ouvrant et en parlant avec mon cœur, j'ai reçu parfois des réponses d'ouverture et de compréhension, mais aussi des réactions fortes d'incompréhension et de résistance. (Certaines personnes ne veulent pas que l'on change, car cela menace leurs habitudes et leur confort.)

La partie la plus difficile pour moi, une fois que j'ai réussi à m'affirmer fermement et avec amour, a été de me détacher de la réaction de l'autre, car elle ne m'appartient pas. La façon que j'ai trouvée pour conserver mon équilibre a été de demeurer centrée sur mon bien-être et mes besoins, donc dans mon cœur.

Et voilà que, récemment, j'ai eu une difficile décision à prendre en rapport avec un projet et une personne que j'aime beaucoup. Quand on s'engage à faire des choix différents (dans mon cas, respecter mes besoins et ma trajectoire), il peut s'ensuivre que nous devions faire des coupures avec des personnes ou des situations qui ne nous conviennent plus, bien que nous les aimions beaucoup. (Dans certains cas, elles n'ont peut-être jamais correspondu à nos besoins profonds, si nous avons négligé d'écouter ces derniers.) Cette période de transition, de détachement peut être difficile parce que nous résistons à laisser aller — je n'ai pas fait exception. Mais, lorsque nous le faisons à partir de notre cœur et dans la douceur, pour notre propre épanouissement, nous ne pouvons que nous en remercier. C'est ce que j'ai réussi à faire et je m'en remercie infiniment.

Vous vous sentez hésitant ou coupable à l'idée de faire passer vos propres besoins en premier ? Voici une métaphore assez frappante. Vous avez déjà pris l'avion ? Vous savez, les fameuses mesures de sécurité qui sont expliquées au moment du décollage, les instructions en cas d'urgence en ce qui a trait au masque à oxygène ? **Il faut mettre le sien en premier pour ensuite porter aide aux autres**. C'est exactement pareil dans la vie de tous les jours : si nous ne nous occupons pas de nos besoins intrinsèques, de notre propre bien-être, il nous sera impossible d'aider adéquatement les autres.

Ça aide à remettre les choses en perspective, n'est-ce pas ? R-E-S-P-E-C-T...

Énoncé de gratitude

Je suis grandement reconnaissant pour l'attention que je me porte, à moi, à mes besoins et à mon bien-être. Bien que cela soit parfois difficile, j'accepte de suivre mon chemin selon les élans de mon cœur, même si cela signifie d'aller à l'encontre des désirs de certaines personnes de mon entourage. Je leur adresse d'ailleurs toute ma gratitude, car, grâce à elles, j'ai compris à quel point il est important que je suive mon cœur et la voie qui est la mienne. Avec douceur et amour, je m'ouvre à qui je suis vraiment et je me respecte.

Chapitre 11

Le plaisir : un ingrédient à cultiver

Il faut que je partage avec vous tout le plaisir que je ressens à écrire ces lignes et à relire ce que j'ai écrit.

Je retire tellement de bonheur à écrire, à créer, à expérimenter, à partager, à découvrir et à faire découvrir, contribuant ainsi à la fois à mon bien-être et à celui des autres ! Je me sens m'accomplir, être dans le « flow », dans ma voie. Ça me comble.

Je me surprends parfois moi-même de ce que j'écris. Je laisse parler mon cœur, mon âme, mon intuition, puis je m'exclame devant mes illuminations. C'est libérateur, un sentiment incomparable de bien-être, d'accomplissement et de joie.

C'est comme chanter et danser — la musique me fait vibrer. Elle m'a toujours attirée et procuré beaucoup de plaisir. Toute petite, je faisais jouer les vieilles cassettes « 8 pistes » de mes parents. (Ça vous donne une idée de mon âge… Ce n'est pas juste, ça !) Et je faisais danser mes poupées. Un peu plus grande, je m'imaginais que c'était moi qui chantais et je me voyais sur une scène. Aussi, je m'amusais à mettre en scène des scénarios de vidéo pour telle ou telle chanson. Éventuellement, je me suis mise à chanter devant mon miroir avec ma brosse à cheveux en guise de micro. J'étais au paradis! Imaginez quand je me suis enfin retrouvée, à l'âge de 15 ans, sur une vraie scène, avec un vrai micro, à chanter devant un vrai public. Je suis heureuse de cultiver à nouveau ce plaisir aujourd'hui.

Cela vous arrive-t-il? Je ne parle pas de chanter en public, mais de pratiquer des activités ou d'avoir des passe-temps qui vous procurent un grand plaisir? D'avoir des moments de grâce qui vous donnent ce genre d'émotion? Quelle est cette activité (sport, peinture, bricolage, rénovations, faire du bénévolat, prendre soin de quelqu'un ou d'un animal, jardiner, etc.)? Pensez à cette activité, à ce qu'elle vous procure. Comment vous fait-elle sentir? Comment cela se traduit-il dans votre corps? Pensez aux sensations que cela vous procure. Fermez les yeux un instant et revivez ces moments de délice et ces douces sensations.

Imaginez vivre votre vie dans ce mode de plaisir, de joie, d'illumination... Oui, c'est possible! C'est un état qui peut se vivre au quotidien, dans tout ce que vous faites. Même quand vous êtes en train de récurer la toilette! La preuve est que, juste là, un instant auparavant, n'étiez-vous pas en train de ressentir les voluptés du plaisir que vous procurent vos activités préférées, alors même que vous lisez un livre?

C'est la beauté de notre pouvoir : nous pouvons nous faire ressentir des émotions qui accompagneraient normalement une certaine situation ou un certain contexte, juste à penser à cette situation ou à ce contexte. Nous pouvons générer à volonté ces sentiments de joie, de bonheur et de plaisir, si nous le décidons.

J'utilise donc ce pouvoir. Par exemple, lorsque j'entame une tâche que j'aime moins faire (comme récurer la toilette), je pense à ce que je ressens en faisant ce que j'adore. J'intègre l'EFFET de ce sentiment de bien-être et je choisis de le maintenir. Le sourire, la respiration profonde, le sentiment d'accomplissement. Souvenez-vous, le cerveau ne fait pas la différence entre ce que vous imaginez et la réalité. J'induis donc à volonté le sentiment de plaisir et je transforme une expérience que je perçois comme moche en un moment de plus à ressentir les bienfaits du plaisir! De plus, pendant que je récure la toilette, étant en mode plaisir et ouverture, j'ai beaucoup d'inspiration qui monte pour l'écriture de mon livre, pour l'organisation du prochain spectacle ou pour le choix du thème de la prochaine conférence. Efficace en tout! Si ce truc n'est pas suffisant pour vous motiver à entreprendre une tâche qui vous plaît moins, revenez sur la raison pour laquelle vous l'entreprenez, sur la satisfaction que vous en retirerez une fois la tâche terminée. Faites-en un choix assumé!

Je savourais, hier, lors d'une balade en voiture, de profonds sentiments de bonheur et de légèreté, tout en me sentant solide et ancrée. C'était un ressenti particulier, à la fois fort et doux, enivrant et calme. La douce pensée qui m'est venue alors est que, au cours des quelques dernières années, j'ai **appris** à être heureuse et que, maintenant, je réalise que je **cultive** l'art d'être heureuse. Je me suis sentie empreinte d'une nouvelle sagesse, tout en demeurant terre à terre, ancrée à la réalité. Un sentiment fabuleux !

Bon, parlant de terre à terre, la vaisselle m'attend. Une pile IMMENSE de vaisselle sale. (Mon fils m'a répété tout l'avant-midi qu'il n'y avait plus de verres ni d'assiettes et, non, malheureusement, il ne s'est pas offert pour laver quelques pièces.) Il fait beau dehors, j'aimerais bien aller marcher au soleil, mais vous savez quoi ? Je vais de ce pas mettre de la bonne musique, chanter en frottant la pile de vaisselle et me récompenser avec une promenade par la suite. Ah, et je viens d'aller taquiner mon fils en lui racontant que je parle de lui dans mon livre. On a bien rigolé ! Sur cette ambiance joyeuse, on frotte au rythme de la musique !

Merci, la vie !

P.-S. En fin de compte, j'ai lavé une partie de la vaisselle et, sentant mon énergie et mon plaisir diminuer, je suis sortie marcher au soleil. Au retour, avec le sourire et l'énergie renouvelés, j'ai fait briller le restant de vaisselle sale. Il est important de s'ajuster et de s'écouter pour alimenter le plaisir. Ne rien s'imposer, jamais !

Énoncé de gratitude

Avec gratitude, je m'ancre dans le plaisir, la créativité et le bien-être. Je cultive le bonheur avec amour. J'en fais mon rituel quotidien, car cela me fait sentir si bien! C'est si bon de rire! C'est merveilleux d'échanger des sourires avec les étrangers. Je m'amuse, je m'éclate et j'aime ma vie! Je suis reconnaissant pour les moments de «flow», où tout coule avec fluidité dans ma vie. J'adore les menus plaisirs comme les grands. Je m'en offre chaque jour, avec délice. Merci!

Deuxième partie

La légèreté du physique

Chapitre 12

Un corps léger

Depuis mon adolescence, je joue au yoyo avec mon poids. J'ai ce type de morphologie en courbes généreuses, disons-le. Je n'ai pas toujours apprécié mon physique et j'ai souvent rêvé d'avoir un corps plus léger, aérien, souple. Comme ma mère, ma sœur et mon frère. C'était l'injustice dans mon cœur...

Au cours des dernières années, j'ai pris conscience que la légèreté (ou la lourdeur) n'est pas qu'une question de poids en livres (ou en kilos). Elle se mesure aussi en pression. Que de pression je me suis mise pour perdre du poids, à me regarder dans le miroir en me rentrant le ventre et à me dire que je serai beaucoup plus belle lorsque j'aurai perdu ces livres en trop! Que de tensions et de critiques emmagasinées!

Je parle de poids en ce qui me concerne, mais chacun de nous a son lot de jugement et de critiques envers son corps. Lui qui nous sert d'enveloppe, qui est là pour nous protéger, nous véhiculer, nous permettre de concrétiser nos expériences de vie dans le monde physique; nous lui en voulons comme s'il était dans le tort. Nous l'affligeons de remontrances, de punitions. Je n'aimerais pas être dans sa peau… Ah, mais attendez une minute ! Je le suis !

Un de ces soirs où je me regardais dans le miroir, j'ai soudainement pris conscience de l'effet du jugement et de la critique sur mon corps. J'ai pris conscience (et me suis souvenue) que l'énergie dégagée par mes pensées et par mon ressenti envers l'objet de ma critique affectait directement ce dernier, car il en ressentait les vibrations négatives, créant des tensions et des blocages. En plus, me suis-je rappelé, j'amplifiais le « problème » en y portant mon attention. (Ce sur quoi on se focalise prend de l'ampleur — sans jeu de mots, ici, mais c'est effectivement le cas !) J'ai remarqué à quel point j'étais en mode résistance vis-à-vis de mon corps, en me faisant en plus porter la culpabilité de ne pas avoir encore réussi à prendre la situation en main pour perdre du poids… En fait, je m'en prenais à moi au complet, dans mes choix, mes décisions, mes incapacités. Culpabilité et résistance, résistance et culpabilité.

Et là, devant le miroir, je me suis regardée dans les yeux. Profondément. Et je me suis souri. Toute la tension, la pression, la critique et le jugement se sont immédiatement tus. « Il est grand temps que je me donne de la douceur et de l'amour », me suis-je dit. Que je me reconnaisse pour qui je suis vraiment. Car, après tout, je suis un Être spirituel, énergétique, conscient et physique. Je vis dans ces quatre dimensions. Je vais donc puiser dans ces quatre sphères ici et maintenant pour rétablir mon équilibre. J'ai donc continué à me sourire en me parlant : «Je t'aime comme tu es. Merci pour tout».

Alors, j'ai compris.

J'ai compris que je pouvais réaliser mon rêve de vivre dans un corps plus léger, plus aérien, plus souple. Qu'une grande partie du poids que je traînais provenait de cette pression indue que je me mettais constamment sur les épaules. À partir de ma conscience, j'ai pris contact avec ma partie physique (mon corps, tel qu'il est, merveille de la nature), ma partie énergétique (les champs et corps subtils qui entourent mon corps physique et qui s'en dégagent) et ma partie spirituelle (la sagesse, la compréhension, l'amour pur de mon Être intérieur, mon âme, ce Moi supérieur et authentique). Je voulais savoir ce qui avait besoin d'être entendu, d'être compris et d'être libéré.

Tout d'abord, je me suis concentrée sur mes épaules, là où j'en mettais beaucoup. (J'ai d'ailleurs utilisé cette expression quelques lignes plus haut; c'est dire qu'elles avaient besoin de mon attention, les petites chéries!) Ainsi, dans cet état d'ouverture, j'ai observé et constaté tout le poids et la pression des «je devrais», «je n'ai pas fait», «je n'aurais pas dû», «il faudrait que». Bref, les remontrances, les fautes et la culpabilité. Là, au niveau des épaules et des trapèzes, j'ai remarqué des tensions, des tiraillements, des douleurs. J'ai respiré profondément plusieurs fois et j'y ai versé de la douceur et de l'amour. J'observais, sans m'accabler. Mon intention était de soulager, d'apaiser, d'alléger mes épaules. Graduellement, je les ai vues et senties se détendre, accepter l'amour. En même temps, par les douleurs que j'y ressentais, elles me racontaient toute la pression accumulée, les tensions et les blocages. J'ai laissé l'énergie y circuler en la visualisant en train de nettoyer et de guérir cette partie de mon corps. Car le corps a cette faculté de se guérir par lui-même, du moment que l'on y met la conscience, l'intention et l'ouverture. Je sentais mes quatre sphères actives : mon corps réagissait, l'énergie circulait, ma conscience était attentive à ce qui se passait et les messages subtils de ma sagesse intérieure montaient en moi pour me faire savoir ce que j'avais à comprendre. Rapidement, la zone de mes épaules et du haut de mon dos s'est mise à vibrer d'une douce chaleur.

Ensuite, une expression m'est venue en tête : j'en ai plein le dos. Un sentiment « d'écœurantite » est monté et le bas de mon dos s'est mis à envoyer des signaux (spasmes douloureux et petits chocs électriques). On avait besoin de moi dans ce secteur ! J'ai donc porté mon attention consciente au bas de mon dos. Immédiatement, j'ai senti l'énergie refoulée et bloquée, puis des sentiments de confusion, de frustration et de peurs sont montés. Je les ai laissés circuler ; ils avaient besoin de reconnaissance pour pouvoir ensuite être dégagés et libérés. Encore une fois, j'ai envoyé de l'amour et de la tendresse dans cette zone en respirant profondément.

Puis, ce fut au tour du ventre de demander de l'attention — des papillons angoissés s'y promenaient, des brûlures remontaient. L'accumulation de tensions m'interpellait.

Pas de pause pour le bonheur, les hanches se sont mises à réclamer leur part de libération.

Ainsi, ce soir-là, j'ai commencé à libérer mon corps d'un grand poids, à l'alléger, à lui enlever de la rigidité pour lui permettre plus de souplesse. J'avais déjà entamé les démarches pour alléger mon attitude, mes pensées, mes croyances, et j'avais senti l'effet bénéfique sur mon corps. Mais là, j'ai agi directement sur lui ; je lui ai accordé mon attention totale, juste pour lui.

J'en ai retiré un bien-être fou, un relâchement, un apaisement, une liberté, une légèreté... Et avec délice, j'ai senti tout mon corps plus léger, épanoui et allongé que jamais.

À partir du moment où j'ai décidé d'appliquer la légèreté et de renouer avec les quatre dimensions de mon Être, l'état et l'apparence de mon corps physique peuvent enfin être ce qu'ils sont : absolument parfaits, sublimes et merveilleux.

Énoncé de gratitude

Je ressens énormément de gratitude envers mon corps. Il me rend de si merveilleux services au quotidien. Même si ça me paraît difficile, j'accepte l'ensemble de mon corps tel qu'il est, car il est tout simplement parfait ! Je suis reconnaissant de sa puissante faculté de guérison. Je sais qu'avec mon attention et ma pleine conscience, je peux l'aider à se libérer et à se guérir. Je lui accorde tout mon amour et je lui prodigue tendrement chaque jour les soins dont il a besoin. Merci pour ces loyaux services ! Longue vie à ce sublime corps qui est le mien !

Chapitre 13

Un style aérien

J'adore cette expression : un style aérien. Ça sonne tellement léger, ne trouvez-vous pas ? Lorsque j'entends cette expression à propos d'une personne, je vois un physique souple et allongé, une démarche légère, un sourire brillant et des yeux pétillants. Avez-vous déjà croisé de telles personnes ? On dirait presque qu'elles flottent, tellement on les sent légères et aériennes. Elles semblent « respirer » le bonheur.

La respiration... Pour moi, la respiration est la meilleure façon de conserver la légèreté. Autant la légèreté du corps que celle du mental. Je crois fermement que le souffle (du premier au dernier) ne nous permet pas seulement de vivre, mais qu'il joue aussi un rôle capital dans notre équilibre et dans notre qualité de vie.

Inspirer et expirer semble banal. Toutefois, si on y regarde de près, à l'inspiration, nous recevons, tandis qu'à l'expiration, nous donnons. Le fait d'observer ma respiration m'a fait prendre conscience à quel point j'expire beaucoup plus d'air que je n'en inspire. Et en m'observant dans la vie, je constate aussi que je donne plus que je ne me permets de recevoir. Une coach vocale m'a déjà fait remarquer la tendance que j'avais de me vider de mon air pour terminer ma phrase, autant quand je chante que quand je parle. En effet, je suis tellement passionnée qu'il m'arrivait de manquer d'air en cours de phrase, car je négligeais de prendre une pause pour me remplir les poumons! C'était assez représentatif de plusieurs aspects de ma vie… Curieusement, le symbole de l'air a été présent dans plusieurs événements majeurs de ma vie.

Par exemple, toute jeune, j'étais fascinée par le vent. Je passais des heures à admirer la circulation de l'air dans les champs qui faisait onduler les hautes herbes, à écouter le bruit du vent dans les feuilles des arbres. Je m'amusais à imiter le vent, en respirant comme lui. À un tel point que j'en suis venue à respirer très profondément. Je me souviens qu'au secondaire, une amie assise près de moi me passait souvent la remarque que je respirais fort. Drôlement, ce souffle fort, je l'ai utilisé pour jouer de la trompette, pour chanter, pour faire des activités en plein air (marche en nature et en montagne).

Je remarque aussi que ma respiration a souvent été l'élément premier à être affecté par mon état physique et mental : depuis que je suis jeune, j'ai régulièrement eu des problèmes de congestion nasale et de sinusites. Puis, adulte, j'ai connu quelques bronchites asthmatiques et même une opération majeure au poumon à la suite de l'infection d'un kyste sur mon poumon droit, dont on a dû retirer une partie, d'ailleurs. (Mais rassurez-vous, je n'en ai aucune séquelle et ça ne m'empêche aucunement de m'époumoner en chantant! J'ai aussi pris soin d'aller nettoyer les résidus émotionnels qui ont contribué au développement de ce kyste.)

Par ailleurs, la respiration est un indicateur de notre état. Si nous l'observons bien, notre façon de respirer nous parle de la façon dont nous nous sentons, de l'état dans lequel nous sommes (détendu, stressé, irrité, ennuyé, etc.).

Tout ça m'a amenée à m'arrêter sur le rôle de la respiration dans mon équilibre global. Je crois fermement que l'on peut rééquilibrer sa vie par la respiration. La respiration est l'outil par excellence de l'unification corps/âme/ esprit, le symbole de l'harmonisation. Que ce soit en méditation, dans l'alimentation, dans l'activité physique, pendant notre sommeil, pendant nos loisirs : bien utiliser la respiration permet d'améliorer notre état de santé physique, mentale et spirituelle. La respiration régularise nos différents corps et champs énergétiques en agissant directement sur nos systèmes physique, endocrinien et énergétique. Elle favorise la circulation sanguine, la libération d'endorphine et bien d'autres hormones et phénomènes chimiques. Elle permet d'atteindre des états de détente (zones alpha, bêta, thêta) qui nous mettent en contact avec nos champs inconscients, et favorise l'harmonisation des énergies intérieures et extérieures.

Bref, j'appelle ça la respiration unifiée. Lorsque l'on respire de façon unifiée, on se sent aérien, le regard brillant et on avance dans la vie le pied léger.

En fait, depuis que j'ai pris conscience qu'un style aérien n'est aucunement relié au poids en livres (ou en kilos) mais bien à l'aération de mes cellules, j'ai décidé d'ouvrir encore plus grand mes portes et fenêtres cellulaires. Ainsi, je veux m'amuser à maintenir un corps bien oxygéné, une démarche souple et légère, un sourire brillant, des yeux pétillants, une respiration pleine de bonheur et... des ailes bien déployées.

Ça, c'est du style, mon ami !

Énoncé de gratitude

J'inspire et j'expire avec gratitude. Je nourris mon corps, mon esprit et mes champs énergétiques par ma respiration. Je porte attention aux indications que me donne ma respiration quant à mon état émotionnel — au besoin, je prends soin de m'accorder une pause pour souffler et m'aérer. Je sais que je peux rééquilibrer ma vie en rééquilibrant ma respiration. Je suis reconnaissant pour tous les bienfaits que ma simple respiration me procure. Je respire le bonheur et la sérénité.

Chapitre 14

Gourmande de légèreté

— La légèreté, ça se mange? demande la gourmande en moi.

— Oh que oui, répond mon corps.

— Et ça a bon goût? insiste la gourmande.

— Bien sûr!

— … (Silence de la gourmande en moi qui en dit long sur ses doutes.)

L'alimentation est pour moi devenue un sujet… pesant! Comme je vous l'ai confié précédemment, depuis que je suis adolescente, mon poids est une préoccupation. Alors, j'en ai fait, des régimes, et j'en ai vu, des chiffres sur le pèse-personne — des plus hauts et des plus bas! Pour moi, l'alimentation est devenue synonyme de cassage de tête et de lourdeur.

Jeune adulte, j'ai un jour entendu une de mes tantes dire qu'elle ne pouvait pas manger d'aliments gras ni sucrés, car cela la rendait malade — elle a un système digestif et un foie sensibles, selon ses dires. Je me suis alors dit : «Oh que j'aimerais ça que le sucre et le gras me rendent malade ! De cette façon, je n'en mangerais plus et je perdrais du poids ! »

Vous devinez quoi ? Une phrase lancée ainsi dans les airs, mais qui vibrait pour moi de beaucoup de bonheur et de joie est devenue réalité dans ma vie. En effet, depuis quelques années (j'ai approximativement l'âge qu'avait ma tante quand je l'ai entendue dire cette phrase), j'ai moi-même des malaises physiques lorsque je mange gras ou sucré. Et est-ce que j'ai perdu du poids pour autant ? Non ! Enfin, pas encore…

Pourtant, j'ai été exaucée : on m'a entendue ! Mon cerveau a enregistré la programmation, et voilà le résultat. D'ailleurs, au moment où j'écris ces lignes, je suis en « lendemain de veille ». J'ai mangé hier une bonne crème glacée aux morceaux de biscuits Oreo. Délicieux ! Mais ça n'a pas passé au conseil… Ce matin, mon corps entier me dit qu'il n'est pas bien (pas seulement mon estomac). Je me sens congestionnée (produits laitiers), j'ai mal à la tête, j'ai les yeux tout petits et rouges, et je me sens courbaturée. J'ai aussi des douleurs au bas du dos. Exagéré ? Non, je vous le garantis. Je me sens à plat et j'ai de la difficulté à me concentrer. Les symptômes vous semblent n'avoir aucun lien avec la fameuse crème glacée ? Peut-être pas complètement, en effet. Car plusieurs éléments se mettent en action avant même que nous ne portions un aliment à notre bouche : la façon dont nous nous sentons face à ce que nous nous apprêtons à manger, les croyances que nous entretenons au sujet de l'alimentation, les pensées et l'état d'esprit dans lequel nous sommes au moment de manger.

Donc, avant même de déguster ma crème glacée, voici ce qui s'est passé dans mon esprit et dans mon énergie.

Je m'étais accordé une journée de congé. J'étais bien et heureuse. Je me baladais en voiture et je prenais des pauses ici et là dans de petits villages aux abords d'un beau lac. Bien entendu, on trouve dans ces endroits de villégiature des cantines de restauration rapide et des comptoirs de crème glacée à profusion. Devant cet étalage alléchant, j'ai commencé à avoir envie d'une crème glacée. J'ai tenté de me raisonner et de me décourager en me disant que si je flanchais, je risquais de le regretter, puisque ce mélange de sucre, de gras et de produit laitier est «toxique» pour moi. Et je me suis dit ensuite que ce serait des calories inutiles en trop (donc pas bon pour ma ligne) et de l'argent gaspillé (pas bon pour le budget). D'ailleurs, avez-vous remarqué qu'un cornet acheté à cet endroit coûte presque le même prix qu'un pot complet acheté au supermarché?) Donc, j'ai résisté pendant quelques heures... Puis, éventuellement, je me suis dit : «Tout va bien, j'en ai envie et c'est parfait.» Et je me suis arrêtée pour acheter la fameuse crème glacée.

Avec du recul, je constate que je ne l'ai pas totalement appréciée, ma crème glacée. Tout d'abord, on devine que je n'étais pas dans un état d'esprit propice à bien l'accueillir dans mon système, n'est-ce pas? Je lui avais «jeté un mauvais sort» et j'avais programmé mon corps pour la rejeter avant même de mettre les pieds dans le commerce (lors de mon fameux dialogue interne, alors que j'avais qualifié l'aliment de « toxique » pour mon corps). Ensuite, j'étais en route pour aller visiter une boutique ésotérique dont j'avais beaucoup entendu parler et j'avais hâte d'y arriver. Mon esprit était ailleurs et j'ai avalé la crème glacée sans lui porter beaucoup d'attention.

Et vous savez quoi ? J'ÉTAIS CONSCIENTE DE TOUT ÇA PENDANT QUE ÇA SE PRODUISAIT ! Je m'observais dans l'action. Oh que oui ! J'ai acquis assez de pratique pour ça. Mais ça ne m'a pas empêché de continuer à manger pour autant. J'ai quand même failli jeter le cornet à moitié entamé, mais j'ai choisi de le terminer. Ai-je savouré et profité du bonheur du moment ? Que non ! Je me suis même dit, alors que je prenais ma dernière bouchée : « Bon, ça y est, c'est terminé ? On peut reprendre la route ? » Sûrement qu'un fond de culpabilité et de remords coulait quelque part en dessous.

Ridicule, tout ça, vous me direz ? « Si tu le savais, Sylvie, pourquoi l'as-tu fait ? » Ah, c'est une grande question qui peut s'appliquer à plusieurs aspects de notre vie, n'est-ce pas ? La réponse est pourtant simple : PARCE QUE JE DEVAIS EN FAIRE L'EXPÉRIENCE POUR BIEN L'INTÉGRER ET, SURTOUT, POUR COMPRENDRE LES ÉLÉMENTS SOUS-JACENTS À CETTE ACTION.

Arriver à s'observer, à être conscient de ce que l'on est en train de faire est un pas important. Nous sommes si conditionnés et programmés ! Nous fonctionnons automatiquement, avec réflexe, et ce, des milliers de fois chaque jour de notre vie. Lorsque nous sommes dans ce moment de grâce et de conscience, c'est là que nous pouvons aller au-delà de l'action qui se passe et prendre contact avec les motifs : qu'est-ce qui me pousse à manger cette crème glacée? Quel besoin vient-elle combler? Dans quel état suis-je et quelles sont mes pensées au moment où mon envie de bouffe se produit?

Vous pensez peut-être : « C'est lourd, toutes ces questions, Sylvie. » Je vous réponds qu'au contraire, j'en suis rendue là. Ces questions me stimulent à mieux comprendre mes programmations et mes croyances afin de m'en libérer et d'alléger ma relation avec la nourriture. Car c'est bien ce dont il s'agit : ce n'est pas une question de poids, de régime, de privation ou de récompense. On parle ici de la relation avec la nourriture et des pensées que j'entretiens à son égard qui influencent la façon dont mon corps va en tirer profit ou non.

Ainsi :

1) La charge énergétique de l'aliment et celle que j'y mets au moment de le savourer ont un impact sur mon corps beaucoup plus important que la valeur nutritive de l'aliment (mes pensées et mon état d'esprit vont faire toute la différence);

2) Le rôle que je donne à mon alimentation a un puissant effet direct sur mon corps. Si je donne aux aliments le rôle de me réconforter, ils viennent alors combler un besoin émotif, et non un besoin

physique, provoquant une accumulation de gras indésirable, servant de protection (faire taire ou adoucir une douleur) et comblant (temporairement et de façon illusoire) un vide.

Maintenant, quelles sont mes priorités ? Me sentir légère physiquement, psychologiquement et énergétiquement. Est-ce que le rôle que joue mon alimentation dans ma vie m'aide à atteindre cet objectif ? Je me rends compte que mes états émotifs me guident souvent vers des aliments que je souhaite éliminer de mon alimentation (particulièrement les aliments gras et sucrés). Est-ce que gérer ce que je porte à ma bouche sera la méthode la plus efficace ? J'en doute ! Je mise plutôt sur le bien-être que je veux ressentir. Ainsi, continuer à alléger mes émotions, mes pensées et mes croyances ne peut qu'améliorer ma relation avec la nourriture, et avoir des effets bénéfiques sur mon corps et ma santé holistique.

Encore une fois, tout dépend de mon INTENTION : **Ici et maintenant, je pose l'intention de me sentir légère, comblée, heureuse, énergisée et en santé en tout temps, particulièrement après les repas.**

Cette nouvelle programmation à elle seule a le pouvoir de me guider dans mes choix alimentaires, entre autres aspects. Simple, facile, fluide et agréable ! En légèreté et en douceur. Oui, j'en suis convaincue, la légèreté, ça se mange, ça se savoure et ça s'apprécie. Sur ce, je vais aller méditer sur mon intention... avec une eau chaude-citron, s'il vous plaît !

Bonne journée !

Énoncé de gratitude

Je suis reconnaissant envers mon corps qui me guide dans ses besoins au quotidien. Je porte attention et je réponds à ses demandes avec bonheur. Même si j'ai parfois de la difficulté à le faire, je prends conscience de l'effet de mon alimentation sur mon corps. Mon intention est de lui donner ce qu'il y a de mieux pour lui. Je suis rempli de gratitude, car je me sens comblé, énergisé et dynamisé. Merci !

Chapitre 15

La souplesse du ninja

Ces temps-ci, mon corps me parle. J'ai bel et bien reçu les messages de mon équipe interne, mais je n'y ai pas été attentive. J'ai reçu des messages par le biais de synchronicités, de discussions et d'intuitions, mais je suis revenue dans le mental. Alors, tout ce qui n'a pas été entendu a été canalisé par mon corps qui, lui, trouve des façons claires et directes d'obtenir mon attention. Et maintenant, je ne peux que me dire : « Tu es demeurée dans la rigidité d'esprit et du mental, ma cocotte. Voici que tu te retrouves avec de la rigidité physique. » Soupir… Je n'en veux à personne, même pas à moi. Je ne fais que constater. L'apprentissage se fait de différentes façons. Et en ce moment, en observant ce qui est et la façon dont j'ai répondu aux messages précédents, je ne peux que comprendre et accepter là où c'en est.

Bref, voilà le topo : le genou gauche douloureux, le talon droit qui m'élance et le bas du dos qui m'arrache des grimaces de douleur. J'ai fait mes recherches et j'ai établi les liens entre les symptômes physiques et l'état émotif.

(Toute ma gratitude à Jacques Martel pour son fabuleux livre *Le grand dictionnaire des malaises et des maladies*.) Je sais et je comprends ce qui se passe en moi, mais je me suis entêtée à résister dans la rigidité.

C'est fou comme la rigidité d'esprit entraîne un jour ou l'autre la rigidité de notre corps. Tout est relié, qu'on le comprenne ou non, qu'on le veuille ou non, qu'on y croie ou non. C'est ainsi.

Comment s'éviter la douloureuse expérience de la rigidité ? En s'observant, en observant notre réaction devant ce qui est, en relâchant les questionnements, en laissant être ce qui est et en suivant notre guidance interne. Pas toujours facile ? Je vous l'accorde. Notre conditionnement humain nous ramène souvent vers des réactions automatiques ou encore dans des zones qu'on croyait guéries ou dont on ignorait même l'existence. Développer l'écoute et l'attention consciente demande beaucoup de pratique.

Le moment le plus merveilleux, toutefois, c'est lorsqu'on commence à faire des liens. Qu'on prend conscience, qu'on s'éveille à ce qui se passe vraiment. Qu'on peut associer tel comportement ou telle observation avec telle situation et tel résultat dans notre vie, dans notre corps. Cette étape d'éveil est merveilleuse et il faut éviter à tout prix de tomber dans le piège du jugement et de la culpabilisation, car, lorsque ces liens nous frappent de plein fouet, nous avons tendance à nous dire : « Non mais, ce que j'ai été aveugle ! » Non et non : n'allez pas plus loin dans le jeu du bourreau et de la victime !

Conservez plutôt le bonheur d'être en mesure de faire ces prises de conscience, car cela aussi fait partie de l'intégration de l'apprentissage. Ce sont nos exercices d'assouplissement. L'assouplissement de l'esprit, par l'éveil de la conscience et par l'ouverture.

Ainsi, mes expériences de rigidité me permettent de réaliser ce que sont la rigidité et la souplesse. Par ailleurs, ce sont aussi des occasions de transformer mes expériences de vie en faisant des choix différents pour retrouver mon équilibre, selon ce que je souhaite vraiment vivre.

Par ces expériences de rigidité et de prises de conscience, l'assouplissement se fait graduellement. Je vise l'aisance totale, la souplesse, l'agilité, la liberté d'action et de mouvement, autant dans mon esprit, dans mon énergie que dans mon corps.

Dans mon livre *Je suis à ma place* (dans la phase 2 de mon *Programme personnel* en annexe ; p. 136), j'ai écrit :

« Je choisis délibérément d'agir différemment devant une situation qui m'aurait semblé pénible hier, car je sais aujourd'hui que toute situation ou toute expérience est neutre, ni bien ni mal en soi. J'écoute la réaction en moi, je l'accueille, je la remercie de l'illumination qu'elle m'apporte et je choisis ce que je VEUX vivre, ici et maintenant. »

Oui, tout un exercice d'assouplissement, je vous l'accorde ! Déjà, en répétant des exercices de souplesse physique, on se libère et on s'oxygène l'esprit. Si, en parallèle, on s'adonne à des exercices d'assouplissement émotionnel, le corps en bénéficiera grandement, puisqu'il n'aura pas à porter le lourd fardeau du message direct et douloureux.

Ainsi, devant une situation ou un événement «musclé», il sera bénéfique d'y réagir avec souplesse, comme un ninja. C'est-à-dire utiliser le mouvement et la force de l'opposant pour le vaincre, plutôt que de lui résister. Nous pouvons tous devenir des ninjas au quotidien et jouer agilement avec le flot de la vie.

Eh bien, voilà! Moi qui aime jouer, j'ai trouvé mon angle pour réduire la rigidité dans mon corps et m'assouplir face aux situations de la vie — je suis un ninja! Et non, il n'y a pas de médication pour ça : c'est le virus de l'illumination et de la joie de vivre!

Énoncé de gratitude

J'éprouve beaucoup de gratitude et de compassion envers mes réactions de rigidité, car elles me permettent de revenir à mon équilibre et à ma liberté d'action. Aujourd'hui, j'accepte de libérer toutes les tensions, les raideurs et les rigidités accumulées dans mon corps physique, dans mes champs énergétiques et dans mon esprit. Je récupère toute l'amplitude de ma liberté de mouvement, de la libre circulation de mon énergie et de la libre circulation de la saine pensée créatrice. Même si je ne sais pas comment faire, je m'ouvre, tout simplement. Je m'aime et je m'accepte totalement. Je suis reconnaissant pour mon ouverture à cette libération que je ressens au plus profond de mon Être. Je suis rempli d'une profonde gratitude et d'une sensation de liberté et de souplesse.

Chapitre 16

Tu me fais de l'effet

Enfin, c'est fait! Le grand ménage des placards et des garde-robes. Ça m'a pris d'un coup, sans avertissement. Spontanément, sans même y avoir pensé, je me suis retrouvée la tête dans le fond d'une garde-robe à prendre un immense plaisir à sortir des vêtements, à trier des objets et à me défaire d'un nombre incalculable de trucs que je n'utilisais plus depuis des lustres. Quel bonheur et quel bien-être!

J'ai suivi le mouvement, sans remettre à plus tard. Ça n'a pas été une tâche ardue, même si j'y ai passé plusieurs heures en deux journées. Le tout sur fond de bonne musique et combiné à la satisfaction de mettre de l'ordre et à la joie de donner une seconde vie à ce que je n'utilise plus en le donnant.

Et plus j'avançais dans mon ménage, plus il me semblait que je respirais profondément et aisément. L'air de rien, faire du ménage dans notre environnement physique nous permet de faire du ménage dans notre esprit et dans nos énergies. Il est important de faire circuler cette énergie afin d'éviter qu'elle ne stagne.

Je ne sais pas si vous êtes comme moi, mais mon environnement physique, autant son apparence que l'énergie qui en est dégagée, a une grande influence sur moi, sur mon moral et mon état physique.

Personnellement, quand j'entre dans un endroit embourbé, un environnement surchargé d'objets éparpillés et empilés, je ne me sens pas bien. Physiquement, émotionnellement et énergétiquement. Ordonnée compulsive? Ah non, je ne crois pas! Bien qu'il soit vrai que, dans de pareils cas, j'ai une envie folle (ou plutôt un besoin pressant) de classer, de faire des piles et de donner un semblant d'ordre à l'endroit. Mais c'est plus pour combler mon besoin d'harmonie que de combler un besoin de faire du ménage. Honnêtement, il m'est arrivé de me sentir envahie et agressée dans un environnement désordonné. Je me trouve loin du sentiment de légèreté, dans le désordre. Remarquez, chacun son style — je connais des gens qui vivent très bien et de façon très détachée dans leur merveilleux chaos. Ils appellent ça du désordre organisé. Ils s'y retrouvent très bien et disent même que leur créativité s'exprime mieux. Que plus il y a d'objets qui traînent, plus ils sentent qu'il y a de la vie. C'est tant mieux!

D'autres diront que l'environnement qui les entoure n'a aucune importance pour eux — peut-être ces personnes sont-elles à ce point détachées des biens matériels (vivant plutôt dans leur monde intérieur) que l'apparence des lieux où elles se trouvent ne les préoccupe pas ou peu. Que leur besoin de liberté est si grand que leur attention ne s'attarde pas sur ce qui les entoure. Pour autant que ces personnes aient un bon port d'ancrage dans leur corps. Nous sommes quand même en partie des êtres physiques évoluant dans un monde physique.

Mon environnement physique a donc une grande influence sur moi; il me fait de l'effet. Je ne l'ai compris qu'il y a une dizaine d'années. Avant cette période, je pouvais ressentir un malaise ou un profond bien-être dans certains endroits, mais sans pouvoir dire pourquoi. Aujourd'hui, j'en suis très consciente : je suis sensible aux énergies environnantes et à ce que dégagent les couleurs, les formes, l'agencement du décor. Par-dessus tout, j'ai besoin d'harmonie dans mon environnement physique. D'harmonie dans les couleurs, dans l'emplacement de chaque objet. La lumière naturelle est aussi d'un grand réconfort pour moi, et source de chaleur et de joie.

La nature est pour moi un endroit de prédilection pour me ressourcer, pour m'amuser et pour me revitaliser. Une randonnée en montagne, une sieste sur le bord d'une rivière sautillante, un grand bol d'air dans un grand champ, un tour de kayak sur un lac calme, une balade en voiture sur des chemins de campagne au paysage pittoresque sont autant de bonheurs pour moi. Et j'adore tout ce qui brille et qui fait de la lumière. Je rêve d'un jardin avec des arbres dans lesquels je pourrais accrocher des guirlandes de lumières ou des lanternes multicolores. Je ris seulement à imaginer la tête de certains d'entre vous en ce moment. Appelez ça kitsch si vous voulez, mais moi, ça me rend joyeuse et m'apporte de la légèreté.

Et c'est l'état recherché, non? Pensez aux endroits où vous vous sentez bien, détendu. À quoi ressemblent-ils? Représentez-vous cet endroit ou ces endroits dans le détail, que ce soit chez vous ou ailleurs. Idéalement, l'endroit où vous habitez devrait être composé de quelques-unes de ces caractéristiques qui vous font sentir bien.

Peu importe si vous vous sentez bien dans un monde de couleurs ou dans un agencement ton sur ton, dans un environnement structuré et ordonné ou dans un sublime désordre vivant, entouré de nature ou de béton, c'est la façon dont votre environnement contribue à votre bien-être qui est le plus important.

Quel est le style d'environnement physique qui vous convient le mieux? Y avez-vous même déjà porté attention? Aviez-vous remarqué que votre environnement peut avoir une influence sur votre état émotionnel, physique, énergétique? Si vous n'y aviez jamais porté attention, observez cet aspect au cours des prochains jours. Peut-être trouverez-vous une clé pour apporter un peu plus de légèreté dans votre quotidien.

Si vous sentez que votre nid n'est pas en symbiose avec vos besoins et que votre environnement mine votre moral, essayez de voir ce qui peut être fait pour l'améliorer. Je ne dis pas de considérer déménager ou de complètement tout redécorer. Vous n'avez pas nécessairement besoin de faire un changement à 180 degrés. Il peut s'agir tout simplement d'une petite touche, d'un petit ménage, d'aller cueillir quelques fleurs sauvages ou même simplement d'aller vous promener dans un parc tranquille ou dans les rues animées de la ville. Bref, tout ce qui peut contribuer à égayer et alléger votre quotidien. Dans l'intention de demeurer dans le bonheur de la légèreté, en harmonie avec votre environnement physique. Dans la conscience de l'effet qu'il vous fait...

Énoncé de gratitude

Je prends conscience de l'influence de mon environnement physique sur mon bien-être émotionnel, énergétique et physique. Je suis reconnaissant pour tout ce qui m'entoure. Je prends soin d'harmoniser mon environnement extérieur pour qu'il contribue à me procurer bien-être, bonheur et légèreté. Je m'accorde régulièrement des moments privilégiés dans des endroits qui me font vibrer et j'en suis rempli de gratitude !

Troisième partie
La légèreté énergétique

Chapitre 17

C'est pas physique, c'est... magnétique!

Ce soir, j'avais un rendez-vous chez le dentiste. J'avais pris ce rendez-vous il y a plusieurs mois, et il me semble qu'elle est arrivée bien rapidement, la date fatidique! Non pas que j'aie peur, mais je n'aime pas particulièrement aller chez le dentiste pour deux points principaux : de un, j'ai toujours une crainte qu'on me parle de réparations aux coûts exorbitants; et de deux, comme j'ai des points plus sensibles, je suis toujours un peu nerveuse d'avoir plus mal.

Donc, je suis allongée sur la chaise du dentiste, essayant de rester zen, mais je sens la tension dans mon corps. D'ailleurs, l'hygiéniste dentaire, bien que très consciencieuse, accroche une petite zone un peu sensible et vlan! Le petit choc électrique que j'anticipais tant me fait sursauter sur ma chaise. «Bon, vraiment, que je me dis, tu en veux d'autres comme ça, ma belle Sylvie?» Bien sûr que non! «Alors, change d'attitude et de vibration...»

C'est vrai, les vibrations de mon champ énergétique vont immanquablement entrer en contact avec le champ énergétique de la gentille hygiéniste, et même l'influencer. Ma nervosité grandissante ne peut que se propager dans l'air. Un dialogue interne prend alors place :

— D'accord, je ne veux plus être nerveuse.

— Mais encore ?

— Je veux me sentir mieux.

— C'est un bon début. Mais se forcer à se sentir mieux, ça aide à augmenter les vibrations de bien-être ? J'en doute. Plus tu forces, plus tu t'éloignes des fréquences vibratoires sur lesquelles tu désires te brancher.

J'ai donc décidé de changer ma pensée.

— Pourquoi suis-je ici ?

— Pour qu'on prenne soin de mes dents et qu'on s'assure qu'elles demeurent en santé très longtemps, car j'apprécie les services qu'elles me rendent.

Alors, je me suis mise à répéter intérieurement, à l'intention de l'hygiéniste dentaire : « Merci pour toute l'attention et la rigueur que vous mettez à prendre soin de mes dents. J'apprécie énormément votre travail en douceur et en précision. Je suis reconnaissante du soin que vous portez à mes dents, car je veux qu'elles demeurent saines et en santé très longtemps. Je vous remercie de vous préoccuper de mon bien-être et de me demander régulièrement si tout va bien. J'apprécie votre gentillesse. Merci beaucoup. » J'ai répété silencieusement à plusieurs reprises des phrases de ce genre à l'intention de l'hygiéniste, puis pour le dentiste qui est venu faire son inspection une fois le nettoyage terminé.

Un peu plus tard, ça a été pour la réceptionniste, alors qu'elle me remettait la belle facture que je redoutais (je n'ai pas d'assurances). Je lui ai tout de même adressé un chaleureux sourire, tandis qu'elle me parlait et finissait de rentrer les renseignements dans mon dossier pour mon prochain rendez-vous. Alors qu'elle s'affairait, je l'ai silencieusement remerciée de la gentillesse avec laquelle elle m'expliquait le détail de la facture, ainsi que de son travail assidu et minutieux pour tenir mon dossier bien à jour en s'assurant de suivre assidument le programme d'entretien de ma précieuse dentition.

Bien entendu, avant de quitter les lieux, j'ai remercié chaleureusement à haute voix tout ce beau monde avec mon nouveau sourire tout blanc, complimentant une employée au passage car j'avais remarqué qu'elle avait très bonne mine. Je me sentais présente, ouverte et dans le bien-être du moment présent, plutôt que préoccupée, stressée et pressée de partir comme je l'aurais fait dans le passé.

Vous savez quoi? J'ai très clairement senti mon champ énergétique vibrer différemment après une ou deux répétitions silencieuses de ces phrases de gratitude. Mon humeur s'est adoucie, je me suis sentie plus légère et sincèrement reconnaissante pour ces personnes qui mettaient leur talent et leur expertise à mon service. Et je suis certaine que c'est ainsi pour l'hygiéniste, le dentiste et la réceptionniste — leurs champs sont entrés en contact avec le mien et ils ont perçu les subtiles vibrations de reconnaissance à leur égard. D'ailleurs, je peux jurer que l'atmosphère de la petite salle d'examen où j'étais s'est allégée et j'ai senti tout le monde plus détendu. Même lors de mon retour au comptoir de la réception, j'ai senti le changement d'énergie, qui était beaucoup plus agréable et enjouée. Puisque je me suis branchée sur la fréquence vibratoire de la gratitude, je me suis mise à vibrer à cette fréquence, puis à la projeter par l'entremise de mon rayonnement. Donc, je vibrais et je rayonnais la gratitude, et mon rayonnement m'entourait et me précédait, influençant les lieux et les personnes.

Robert Charlebois chantait : « C'est pas physique, c'est électrique ! » Moi, je dis : « Ce n'est pas que physique et électrique, c'est MAGNÉTIQUE ! »

Tout ce qui existe dans cet Univers est vibration et énergie, ensuite matière. Les vibrations que nous dégageons influencent constamment notre entourage et les personnes que nous croisons. Nous pouvons faire rayonner consciemment nos vibrations aussi loin que nous le désirons. Pour y arriver, nous devons d'abord nous aligner avec la fréquence vibratoire désirée, comme nous choisissons un poste de radio. Faites le test — choisissez une fréquence vibratoire, par exemple la compassion. Alignez vos vibrations avec cette fréquence, simplement en respirant et en pensant au mot compassion. Graduellement, laissez-vous imprégner par le ressenti de la bonté, de la douceur et de la bienveillance qui accompagnent la compassion. Sentez ces vibrations s'installer en vous, au plus profond de votre cœur, jusqu'à ce que chacune de vos cellules les vibre en retour. Puis, regardez autour de vous et ressentez de la compassion pour tous ceux qui vous entourent. Vous pourriez être surpris de constater à quel point l'énergie autour de vous se transformera. De même que l'humeur des personnes qui vous côtoient. Si en plus vous souriez sincèrement, autant avec les yeux et le cœur que de la bouche, vous amplifierez votre pouvoir magnétique. Et que dire de la façon dont vous vous sentirez! En sortant du cabinet du dentiste ce jour-là, je suis retournée à ma voiture le pas léger, et je n'ai pas arrêté de sourire de tout le trajet. Je crois que ça ne m'était jamais arrivé de sortir aussi joyeuse de chez le dentiste!

Voyager léger concerne aussi les vibrations que nous dégageons. Choisissez de vibrer l'amour, le bien-être, le bonheur et la gratitude en vous branchant sur leur fréquence. Je vous l'accorde, parfois, certaines journées, on dirait que l'on «part de plus loin». Qu'il nous est plus difficile de vibrer harmonieusement. Alors, particulièrement lors d'une de ces journées, trouvez-vous une innocente «victime» et commencez à la bombarder de phrases silencieuses de gratitude. La caissière à l'épicerie, la personne qui vous tient la porte d'un immeuble, le facteur, l'inconnu qui attend l'autobus avec vous, votre animal de compagnie, même! Chaque fois que je fais le test avec mon chat, alors que je ne le touche même pas et que je ne fais que vibrer toute la reconnaissance que je ressens envers lui (c'est-à-dire que je me branche sur la fréquence vibratoire de la reconnaissance pour m'en remplir le cœur et en décharger une cargaison sur mon chat), il se met à ronronner en tournant la tête vers moi, les yeux mi-clos. L'effet est aussi immédiat sur moi : je me sens revigorée, remplie d'une douce chaleur et plus en paix.

Vibrez consciemment et intentionnellement ; utilisez votre magnétisme pour répandre le bonheur. C'est la plus agréable des contagions.

Énoncé de gratitude

Je suis émerveillé devant mon grand pouvoir magnétique. Je l'utilise pour contribuer autant à mon bienêtre qu'à celui des autres et j'en suis extrêmement reconnaissant. Je ressens énormément de bonheur à vibrer la gratitude envers tout ce qui m'entoure. Je rayonne avec plaisir, je vibre consciemment et intentionnellement, et j'en suis rempli de plénitude et de sérénité.

Chapitre 18

Tous interreliés

Chaque jour, je suis émerveillée de voir à quel point nous sommes TOUS interreliés. Dans l'énergie, TOUS les êtres vivants de la planète sont interconnectés. Comme tout ce qui existe vibre (car tout est fait de cellules en mouvement), toute chose et tout être émettent un champ énergétique. Les champs de toute chose et de tout être se rejoignent et communiquent. Ainsi, sans le savoir, chacun contribue au cheminement de l'autre par sa simple vibration.

La semaine dernière, une dame m'appelle pour prendre des renseignements sur mes services en coaching. On l'a dirigée vers moi, donc elle ne me connaît pas vraiment et voudrait savoir comment je pourrais l'aider. Je lui demande de me parler de ce qu'elle éprouve à ce point-ci et de ses besoins. Elle me fait donc un survol rapide de ses principaux problèmes : émotifs, physiques et autres reliés au travail. Je lui demande si elle est ouverte à explorer au-delà du physique et de l'émotif, pour essayer de trouver la source des problèmes dans la sphère énergétique. Elle est très ouverte et dit avoir commencé un cheminement spirituel d'ouverture à soi. Excellent. Nous prenons donc rendez-vous. Une journée ou deux avant la date du rendez-vous, la dame me rappelle pour me dire qu'étant coincée dans son emploi du temps, elle doit annuler la rencontre. Elle dit qu'elle doit revoir l'organisation de son agenda surchargé et en prendre moins afin de s'enlever un peu de pression, ce que j'ai trouvé très sage, en effet. (Je la félicite d'ailleurs de s'être écoutée et d'avoir reconnu et respecté son besoin de ralentir, preuve qu'elle commençait déjà à faire des choix différents pour son propre bien-être.)

Toutefois, le soir même, en faisant ma petite méditation avant le coucher, des mots viennent vers moi, accompagnés du prénom de la dame en question. Je prends note de tout ce que je ressens et je fais quelques recherches supplémentaires dans le merveilleux ouvrage de Jacques Martel, *Le grand dictionnaire des malaises et des maladies*, sur les symptômes physiques que la dame m'a décrits.

Le lendemain, en me levant, je regarde à nouveau mes notes. Puis, d'autres ressentis montent, que je prends soin d'ajouter sur la feuille. Je mets le tout de côté, le temps de faire ma petite routine du matin. Ensuite, je me questionne. Est-ce que j'appelle la dame pour partager avec elle mes intuitions ? Je doute un peu, car je commence tout juste à être à l'aise de partager mes ressentis avec les gens en face de moi. Donc, le faire avec quelqu'un que je n'ai jamais rencontré, ça m'intimide encore un peu. En fin de compte, je l'ai appelée, lui ai expliqué ce qui s'était passé et lui ai demandé la permission de partager avec elle mes ressentis. Elle a accepté avec joie. Tout ce que je lui disais tombait pile ; ce que j'avais ressenti dans son énergie quant à son état physique et émotif, de même que mes intuitions quant aux sources des problèmes et leurs liens possibles avec son passé. J'avais même intuitivement pris note d'outils et d'exercices qui pouvaient lui être utiles pour se libérer et s'alléger afin de poursuivre son cheminement dans l'ouverture à soi. Elle s'est dite touchée, enchantée et très étonnée de la justesse de ce que je lui ai dit, et elle m'a beaucoup remerciée.

De mon côté, je flottais. Non pas par orgueil d'être tombée pile sur des renseignements que je ne connaissais pas de cette dame, mais plutôt d'être encore une fois confirmée dans mon propre cheminement : mon grand désir de contribuer au bien-être des autres par le biais de mon intuition et de l'enseignement pour éveiller les consciences. Cette expérience a renforcé ma conviction que je suis dans ma voie et j'en étais extrêmement reconnaissante.

Au cours des dernières années, il m'est arrivé d'avoir des intuitions sans que je les partage. Or, dernièrement, je me suis plus ouverte à faire part de mes perceptions aux personnes concernées, à passer par-dessus mes doutes et ma gêne. Par exemple, au cours des dernières semaines, lors de séances de signatures en librairie, quand l'ambiance le permettait, il m'est arrivé au moment de signer la dédicace que des messages personnalisés surgissent, parfois en une phrase et parfois en un seul mot. J'arrêtais alors d'écrire et je mentionnais à la personne ce que je venais de percevoir. Chaque fois, je tombais pile et c'était pertinent.

Des gens autour de moi ont commencé à me demander si j'étais « devenue médium ». Ça m'a fait rire, puis ça m'a fait réfléchir. En fait, je pense avoir toujours été intuitive. Toutefois, à force d'accepter de libérer mes résistances, dont le DOUTE (ah oui, mon grand ami le doute!), j'ai laissé plus de place à la libre circulation de mon énergie et je suis plus à son écoute. De sorte que, quand elle se connecte avec l'énergie d'une autre personne, je suis plus ouverte à en percevoir les vibrations et à les mettre en lumière pour la personne qui en a besoin.

Je suis très reconnaissante à cette dame de s'être manifestée à moi et de m'avoir permis de prendre encore plus contact avec mon potentiel. Car, au moment où j'écris ces lignes, j'en suis encore à pratiquer l'ouverture à mes perceptions, l'acceptation totale et l'absence de doute. Par ailleurs, mes services de consultation, longtemps orientés sur le coaching de carrière et en gestion des ressources humaines, sont en train de prendre ouvertement une nouvelle orientation, en s'ancrant dans l'aspect énergétique et spirituel de l'Être. (Par exemple, la reconnexion avec notre Être intérieur, le plein accomplissement de tout notre potentiel, l'expression de notre Être authentique et, surtout, la libération de ce qui nous empêche d'être qui nous sommes vraiment.) Cette expérience a été pour moi un très grand cadeau dans la confirmation et l'encouragement qu'elle m'apportait — comme un clin d'œil de l'Univers. Elle m'a aussi permis de prendre encore plus conscience à quel point, autant dans l'énergie que dans le physique, nous sommes tous interconnectés.

Dans notre cheminement, nous avons besoin des autres et les autres ont besoin de nous. Personne ne peut avancer sans les autres. C'est en interagissant que nous évoluons. Parfois, la contribution de l'autre est subtile dans notre vie (par exemple, la personne assise à côté de vous dans l'autobus à qui vous n'avez jamais adressé la parole) ; parfois, la contribution est plus marquante (une personne significative qui fait un bout de chemin avec vous). Ainsi, une personne que vous avez aidée à réussir vous a fait progresser autant qu'elle a progressé elle-même. En d'autres mots : ton succès est mon succès. Nous faisons partie du cheminement de plusieurs personnes et plusieurs personnes font partie de notre cheminement. C'est merveilleux, n'est-ce pas ? Je ne suis qu'encore plus motivée à alléger mes propres champs physiques et énergiques pour encore mieux servir les autres !

Je suis renversée chaque fois que j'y pense et ça m'amène à sourire à tout le monde autour de moi le plus souvent possible. En m'imprégnant de bonheur et en l'offrant autour de moi, je contribue autant au bien-être de la personne qui aurait besoin de ce sourire qu'à mon propre bien-être. Le bonheur de la légèreté vibratoire...

En plus, on ne sait jamais — cette personne assise à côté de vous dans l'autobus peut vous surprendre par une phrase clé que vous aviez exactement besoin d'entendre ou encore juste à la vue du titre du livre qu'elle est en train de lire...

Énoncé de gratitude

Je me réjouis du bonheur et de la réussite des autres, et je suis heureux d'y contribuer. Chaque fois que j'accompagne une personne à faire un pas dans sa voie d'accomplissement, j'accomplis moi-même un pas dans mon propre chemin. Je ressens énormément de gratitude à faire partie de ce Tout universel. Je sais que je reçois constamment du soutien, puisque nous sommes tous interreliés. Je sais qu'une multitude de personnes jouent un rôle important dans ma vie et je les en remercie du plus profond de mon cœur !

Chapitre 19

Dépoussiérage énergétique

Il y avait bien longtemps que j'avais effectué un dépoussiérage énergétique. Cela procure un tel bien-être! Vous savez ce que c'est? Laissez-moi vous l'expliquer.

Au cours des dernières semaines, j'ai pris conscience qu'une blessure profonde nécessitait mon attention immédiate. Plusieurs synchronicités m'ont menée à cette constatation, comme autant de messages essayant de me guider vers ce qui requérait mon aide.

Donc, je me suis penchée sur cette blessure et lui ai demandé ce dont elle avait besoin. J'ai commencé à avoir des images et des sensations, particulièrement reliées à une personne impliquée dans la situation avec moi. Et là, je me suis rappelé...

Puisque nous sommes tous interreliés dans l'énergie, nous établissons des liens énergétiques émotionnels avec les personnes et les situations. Un lien énergétique ressemble à un fil par lequel coule de l'énergie d'une personne à l'autre. Avez-vous parfois l'impression de vous sentir vidé juste à penser à une certaine personne ou bien à une certaine situation ? C'est qu'effectivement, votre énergie s'écoule par ce lien. C'est comme une fuite d'eau. Ces liens, bien qu'intangibles et invisibles, sont pourtant réels et nous pouvons les ressentir, autant émotivement que physiquement. Il m'est déjà arrivé qu'un sentiment d'irritabilité ou d'agressivité monte en moi sans raison et que je me laisse totalement imprégner et envahir. Lorsque je m'en suis rendu compte, car je trouvais bizarre de me sentir ainsi sans raison, je me suis posé la question pour savoir d'où cela venait. L'image d'une personne de mon entourage m'est alors venue en tête. J'ai compris qu'un lien énergétique nous unissait et que je recevais l'énergie de cette personne. (Elle n'a eu qu'à penser à moi, parler de moi ou vivre une expérience qui lui a fait se souvenir de moi, même inconsciemment, pour que je reçoive une décharge de son énergie par le lien existant entre nous.)

En fait, ces liens s'installent de façon très subtile — vous n'avez qu'à marcher dans la rue au milieu d'une foule de gens pour être en contact avec leurs énergies. Un regard vers telle personne peut déclencher une pensée à son égard, envoyant des vibrations dans son champ énergétique, ce qui établit un lien énergétique entre vous deux. Deux jours plus tard, vous pouvez repenser à cette personne que vous avez croisée sans même lui parler et sans même qu'elle vous regarde, renforçant le lien et les vibrations dans son champ énergétique. Si vos pensées vous ont mené à porter une critique négative sur sa tenue vestimentaire ou sa chevelure, par exemple, elle reçoit ces décharges négatives dans son énergie. C'est aussi direct que cela. L'inverse est aussi vrai — n'importe qui peut vous envoyer des vibrations négatives dans vos champs énergétiques. Ce sont autant de fuites énergétiques qui deviennent épuisantes. Il est à noter aussi que les liens établis lors des relations intimes (même une relation d'un soir) perdurent et restent accrochés à nous.

De façon moins subtile, vous avez sûrement déjà croisé une personne que vous avez qualifiée d'énergivore. Ce sont ces personnes qui, ne sachant pas comment s'alimenter de leur propre source d'énergie, ont tendance à vouloir dominer et diminuer les autres autour d'elles pour puiser dans leurs ressources d'énergie. Elles utilisent une panoplie de stratégies conscientes et inconscientes afin de vous soutirer votre énergie. Ce n'est pas qu'elles sont méchantes ; elles ne savent tout simplement pas comment s'approvisionner dans leurs propres ressources d'amour, alors elles jouent de critique, de jugement, de dénigrement, d'humiliation et d'autres comportements du genre pour s'approprier un peu de l'énergie des autres et s'en nourrir.

Bref, il devient important de faire le ménage et de se libérer des liens énergétiques qui se créent dans notre quotidien, et de ceux que nous traînons dans nos mémoires cellulaires, provenant de vies antérieures, ou tissés avec des personnes aujourd'hui décédées.

Une amie m'avait donné un truc pour faire le ménage des liens énergétiques avec les personnes et les situations. Voici comment j'ai procédé pour faire mon « dépoussiérage » :

- Debout devant un miroir, j'ai respiré profondément trois fois en me regardant dans les yeux.

- Puis, j'ai fermé les yeux en souriant et j'ai continué de respirer en ressentant mon corps physique de la tête aux pieds.

- J'ai ressenti mon ancrage sous les pieds me relier à la terre, puis mon canal d'énergie s'ouvrir sur le dessus de ma tête pour se brancher sur l'énergie divine céleste.

- J'ai imaginé une boule de lumière dans mon plexus solaire, situé entre le nombril et le cœur, qui s'est agrandie jusqu'à m'entourer complètement.

- J'ai émis mon intention, celle de nettoyer mes champs énergétiques et de couper tout lien énergétique qui me retient à toute autre personne, situation ou énergie, quelle qu'elle soit, et ce, dans toutes les dimensions et tous les espaces-temps.

- Puis, j'ai commandé à mon corps de se mettre à point zéro. (De façon très concise, c'est le point central qui nous permet d'être en cohérence avec l'Univers.) Donc, j'ai dit : « Je commande à mon corps de se mettre à point zéro. » La sensation physique est subtile mais immédiate, donc prenez le temps de respirer.

- Ensuite, j'ai posé mes affirmations : «J'affirme qu'ici et maintenant, tout lien énergétique me reliant à toute personne, toute chose ou toute situation est immédiatement coupé, défait, guéri et béni, et ce, dans toutes les dimensions et tous les espaces-temps.» Rassurez-vous, on ne parle pas ici des liens d'amour avec les personnes importantes de votre vie, mais seulement des liens énergétiques instaurés par les émotions et les pensées.

- Pour les plus visuels, je suggère le cerceau de lumière. Imaginez qu'un cerceau de lumière dont le diamètre correspond à la largeur de vos épaules est en attente au-dessus de votre tête. À votre signal, le cerceau descend à la vitesse de l'éclair jusque sous vos pieds en tranchant tous les liens énergétiques. Vous prononcez la même affirmation que ci-dessus.

- Enfin, j'affirme que tous mes champs énergétiques sont libérés de toute fuite et que seuls les liens d'amour pur sont maintenus et nourris.

Une fois l'exercice complété, je valide avec mes champs énergétiques s'il reste des fuites et je reprends le tout depuis le début, si nécessaire. Cet exercice est bénéfique en tout temps et particulièrement le soir avant d'aller au lit.

Énoncé de gratitude

Je remercie le merveilleux Être énergétique que je suis pour sa capacité à se guérir. Je m'ouvre avec joie à la libération des liens énergétiques qui ne servent plus. Même si je ne sais pas comment faire, je pose l'intention de couper les liens et de colmater les fuites énergétiques. Je m'en sens automatiquement revigoré et libéré. Merci !

Chapitre 20

Inspiration

Aujourd'hui, en faisant une promenade au petit matin, j'ai vécu une expérience tout à fait dynamisante. En ce début d'automne, il faisait encore frisquet, alors que le soleil commençait à s'étirer tranquillement. Je pressais le pas pour me réchauffer et me réveiller. Arrivée dans un parc que j'aime beaucoup, je me suis assise sur un banc pour faire quelques étirements. Les oiseaux piaillaient, deux vieilles dames au loin papotaient joyeusement dans une langue étrangère, l'air était frais. Je me concentrais sur le moment présent et sur le bonheur de ressentir ma colonne vertébrale se détendre en douceur sous l'effet des étirements.

Puis, sans aucune raison (j'adore ces moments-là !), m'est revenu en mémoire un vidéo qui a circulé dans les médias sociaux il y a quelque temps. Peut-être l'avez-vous vu : une fillette blonde, tout en boucles, debout sur le comptoir de la salle de bain, se regarde dans le miroir en affirmant : «I like my hair, I like my house, I like my family, I like my school...» (J'aime mes cheveux, j'aime ma maison, j'aime ma famille, j'aime mon école...) Elle défile la liste en bougeant et en gesticulant, comme un motivateur ou un instructeur sportif en plein discours de mobilisation auprès de son équipe. Une vraie pro! Au début, j'ai trouvé sa prestation mignonne, drôle et plutôt insolite. Mais, en la repassant dans ma tête à ce moment-là, je l'ai trouvée incroyablement dynamisante et inspirante. Tout en poursuivant mes mouvements d'étirement, j'ai commencé à faire ma propre liste de «j'aime». (Bon, je l'ai faite silencieusement, à l'intérieur de moi, question de ne pas apeurer les dames assises non loin dans le parc.) Plus je défilais ma liste en vrac, plus je souriais, plus je respirais profondément... et plus d'autres éléments me venaient...

J'aime mon fils.
J'aime ma famille (mon père, ma mère, mon frère, ma belle-sœur, ma sœur, mes neveux et nièce).
J'aime mon corps.
J'aime mes yeux.
J'aime mes cheveux.
J'aime mon appartement.
J'aime mon chat.
J'aime ma voiture.
J'aime mon travail.
J'aime mes clients.
J'aime l'argent que je reçois.
J'aime mon livre.

J'aime inspirer les gens.

J'aime chanter.

J'aime les musiciens avec qui je partage ma passion.

J'aime donner des conférences pour partager mes expériences.

J'aime les discussions ouvertes avec les personnes qui viennent à moi.

J'aime échanger, partager, évoluer, apprendre, m'élever.

J'aime mes amis.

J'aime la belle relation que j'ai avec le père de mon fils.

J'aime la nouvelle décoration dans mon salon.

J'aime enseigner.

J'aime sentir l'énergie circuler en moi et autour de moi.

J'aime la nature.

J'aime les couleurs changeantes des arbres.

J'aime le soleil qui me réchauffe.

J'aime ce banc qui me permet de me reposer.

J'aime le temps que j'ai pour m'occuper de moi.

J'aime les cadeaux de la vie.

J'aime les personnes qui croisent mon chemin et qui m'inspirent.

J'aime…

Je pourrais poursuivre ainsi des pages et des pages et des pages. Sur mon banc de parc, je continuais, en vrac, à nommer mes « j'aime ». J'en reprenais quelques-uns, j'y ajoutais la raison pour laquelle «j'aime». Et plus la liste s'allongeait, plus je souriais et plus je me sentais inspirée. Je vibrais. Les vieilles dames sont alors passées près de moi en me lançant un joyeux «Bonjour!» avec de chaleureux sourires. Peut-être avaient-elles senti les vibrations de bonheur que dégageait chaque cellule de mon corps...

J'aime la chaleur humaine et la joie partagée.
J'aime échanger des sourires.
J'aime la bienveillance de ces deux dames.
J'aime vibrer.
J'aime la beauté de la vie.
J'aime être inspirée.

Et, en ce moment, j'aime écrire!

Énoncé de gratitude

Je suis reconnaissant pour tout ce que j'ai, tout ce que j'expérimente et toutes les personnes qui croisent mon chemin. J'aime la vie et tous les bienfaits infinis dont je dispose dans ce monde. Merci pour toute l'abondance que j'ai reçue dans ma vie à ce jour et que je continue de recevoir maintenant. Je sais et j'affirme que les ressources sont illimitées. Je pose l'intention de profiter au maximum de tous les bienfaits qui me sont offerts, quelle que soit la forme que ces bienfaits prennent. J'y ai accès dans la joie, le bonheur et la gratitude. Je suis

*reconnaissant pour tout ce que j'ai, tout ce qui m'en-
toure et tout ce qui est possible. Je suis rempli d'amour
et de gratitude pour tout ce qui m'entoure. Je suis
comblé!*

Chapitre 21

À moi de Moi, avec amour

J'ai eu une merveilleuse discussion avec mon ami Marc, dernièrement. Une de ces discussions où l'échange nous fait grandir, autant en conscience que sur les plans énergétiques et vibratoires. Vous avez probablement déjà vécu l'expérience : vous vous sentez vous ouvrir et votre champ d'énergie s'élargit autour de vous, tellement vous vibrez. Eh bien, c'est ce genre de discussion que j'ai eu ce jour-là avec Marc.

Mon ami m'expliquait qu'il avait vécu une expérience fascinante lors d'une méditation : en tentant de se centrer et de couper certains liens d'énergie qui le liaient à des zones sombres, il s'est trouvé devant un solide lien qui ne voulait pas lâcher prise. Après avoir essayé en vain tous les trucs qu'il connaissait, mon ami a ressenti un élan : celui de faire face. Il s'est tout simplement retourné et a décidé d'aller visiter cette zone sombre. Automatiquement, sa lumière intérieure s'est mise à briller de mille feux et la zone sombre s'est évaporée.

Je vibrais tandis qu'il me racontait, de façon très animée et tout en gesticulant, sa merveilleuse expérience. Le plus beau, ce sont la douceur et la légèreté qu'il décrivait avoir ressenties à la suite de son aventure. Il n'avait pas eu peur ; il avait tout simplement fait preuve d'ouverture, de curiosité et d'amour. Il s'était simplement retourné, avait avancé dans l'ombre, puis tout s'était produit dans la magie. Tandis qu'il parlait, moi, je vibrais. Et vous savez ce qu'on dit — lorsque nous vibrons, c'est que nous nous sentons interpellé ; c'est notre âme qui nous indique qu'il y a là harmonisation avec notre vérité intérieure et avec notre propre expérience physique. Je n'en étais pas consciente à ce moment-là, mais je n'allais pas tarder à vivre un phénomène similaire moi-même…

Quelques jours plus tard, alors que je m'affairais dans mon tourbillon d'activités, des sentiments de malaise de plus en plus grandissants ont commencé à se faire entendre. Bien entendu, tout occupée que j'étais, je les ai fait taire en envoyant de la lumière et de la gratitude pour tout ce qui est, sera et a été. Le lendemain, les mêmes ressentis ont refait surface. Oh, je les connaissais bien et j'en connaissais la source : une situation dans laquelle je n'étais pas à l'aise, mais qui était là, tout simplement. Encore une fois, je suis arrivée à apaiser mon ressenti en acceptant le fait que la situation soit présente en tant qu'expérience de vie, puis j'ai retrouvé ma légèreté et mon équilibre, mais temporairement. En effet, le sentiment de malaise se repointait le nez de temps à autre, particulièrement lorsque j'habitais ma tête (ce que j'ai encore souvent tendance à faire, mais, au moins, j'en prends rapidement conscience).

Toutefois, par un bel après-midi ensoleillé, le malaise est revenu en force. Exaspérée et agitée (non mais, qui ose me freiner ainsi dans mes activités !), j'ai senti le besoin de prendre une pause et d'aller marcher au soleil. J'ai donc suivi mon élan.

Les premières bouffées d'air frais m'ont fait un bien énorme ! Je me suis mise à accélérer le pas. Et le sentiment de malaise est revenu. Mais, cette fois-ci, plutôt que de m'empresser à l'apaiser et à lui envoyer de la lumière, j'ai voulu en savoir plus sur lui. Le connaître. J'ai donc demandé à ce qu'il se nomme, clairement. La réponse est venue, immédiate : la peur du manque.

Oui, elle m'est bien familière, celle-là. Je savais que c'était elle, car elle était revenue sur le sujet lors de conversations que j'avais eues avec quelques personnes, au cours des semaines précédentes. Une conversation par-ci, où la mention de la peur du manque était faite, une autre conversation par-là. Rien qui ne sortait de l'ordinaire, si ce n'est la répétition du thème, d'une personne à l'autre. Et je savais que j'étais concernée, que ces belles synchronicités m'étaient destinées. Mais, apparemment, je n'avais pas encore répondu de façon satisfaisante dans la manière de m'en occuper, puisque le malaise persistait.

Alors, pendant que je marchais, ma conversation avec mon ami Marc m'est revenue en plein cœur : faire face, aller voir ce qu'il y a là, affronter dans la douceur. J'y suis donc allée. Je me suis même dit mentalement : « Je vais à la rencontre de la partie de moi qui a peur du manque. Je m'ouvre à la partie de moi qui a besoin de mon attention. Je reconnais et j'accueille la partie de moi qui a peur du manque. »

Et là… comment décrire ? J'ai vu apparaître devant moi (sur mon écran intérieur) un double de moi, tout sombre et tout tremblant. Ce n'était qu'une ombre, sans visage, mais je savais que c'était mon double. Moi, j'étais tout en lumière et en douceur. J'ai ouvert grand mes bras et j'ai accueilli ce double qui souffrait. Je lui ai donné tout plein d'amour et de douceur en le serrant très fort contre moi. Je lui ai murmuré : « C'est fini. Tu ne souffriras plus jamais de la peur du manque. Plus jamais. Je te le promets. C'est terminé. » J'ai senti mon double vider sa peine, puis graduellement se calmer. Au bout de quelques minutes, il s'est évaporé en une pluie de lumière scintillante.

Mon corps physique était toujours en mouvement dans les rues de mon quartier, bercé par la douce chaleur de la lumière du soleil, alors que mon Moi intérieur ressentait une joie et une paix incroyables, plus lumineux que jamais.

Et puis, toujours sur mon écran mental, j'ai vu les autres… Il y avait devant moi une ligne interminable de doubles de moi, tous sombres et sans visage. Il y en avait des plus grands et des plus petits, des féminins et des masculins. Mais je savais qu'ils étaient tous moi. Je sentais leur besoin d'amour et de guérison. Chacun d'eux voulait son câlin libérateur. L'idée m'a effleurée que ces ombres représentaient les parties de mon âme qui avaient vécu le manque au cours de mes vies antérieures, mais, peu importe, elles étaient là et j'étais prête à les accueillir une à une.

J'ai donc procédé à une séance intensive de câlins lumineux. Chaque fois, comme pour mon premier double, les ombres s'évaporaient en lumière une fois soulagées. J'ai vite remarqué que les câlins étaient de plus en plus courts, comme si les ombres suivantes emmagasinaient la lumière que je donnais aux précédentes. Éventuellement, elles n'avaient qu'à s'approcher de mon rayonnement et elles disparaissaient en confettis de lumière.

J'ai été très émue par cette expérience. Elle m'a rappelé à quel point j'ai toutes les ressources en moi et que je suis en mesure de me guérir et de me libérer moi-même.

Par ailleurs, j'ai senti des changements instantanés dans mon corps. Je ne ressentais plus de tensions au niveau du cou ni les élancements au bas du dos qui me dérangeaient un peu plus tôt dans la journée. En revenant à la maison, j'ai même fait quelques exercices d'étirement et j'ai été étonnée de la souplesse de mon corps, alors que je m'attendais à ressentir les habituels tiraillements ici et là. Je suis convaincue que bien d'autres aspects de mes expériences de vie actuelles et futures en seront modifiés.

J'ai été tellement éblouie par cette expérience que j'ai décidé d'entreprendre un grand nettoyage. Lors de mes prochaines méditations (particulièrement lorsque je vais aller marcher), je vais demander à entrer en contact avec les parties de moi qui ont besoin de mon attention. J'ai déjà un aperçu de quelques thèmes dont je veux me libérer et qui, j'en suis certaine, sont des résidus énergétiques ancrés dans mes expériences depuis plusieurs vies. J'ai déjà hâte d'aller à leur rencontre, de les reconnaître et de les soulager du poids qu'elles traînent depuis si longtemps, dans toutes les dimensions et tous les espaces-temps. Je suis prête à m'offrir ce cadeau d'amour.

Grâce au partage de mon ami Marc, j'ai pu expérimenter les bienfaits d'aller à la rencontre des parties de moi qui souffrent. Au-delà de la peur du manque en elle-même, sur laquelle j'avais porté mon attention et que je tentais d'apaiser et de dissoudre sans succès, il y avait... MOI, de même qu'un grand besoin de reconnaissance, d'amour et de guérison. Tout simplement.

Merci, Marc !

Namasté

Énoncé de gratitude

Je suis reconnaissant envers toutes les parties de moi qui tentent d'émerger, car elles me permettent de guérir de mes blessures. Je m'ouvre à elles, puis j'accepte de les reconnaître et de les accueillir dans l'amour et la joie. Même si je ne sais pas toujours comment, je laisse ma lumière intérieure me guider, car elle sait ce qui est le mieux pour mon plein épanouissement. Je me libère avec gratitude et je deviens de plus en plus qui je suis.

Quatrième partie
Les lois de la légèreté

Dialogue interne

— Les lois de la légèreté…

Je réfléchis.

— Déjà, s'il y a des lois, ça me semble moins léger. Est-ce que ça veut dire des règles à suivre ?

— Non, pas du tout, au contraire. Cela veut tout simplement dire qu'il y a des systèmes en place qui définissent l'Univers dans lequel nous évoluons. Puisque nous sommes étroitement liés à cet environnement, aussi bien prendre contact avec sa merveilleuse mécanique. Ça aussi ça fait partie de l'éveil et ça nous permet de vivre plus en harmonie, donc de façon plus légère avec ce qui nous entoure.

— Ah, d'accord…

Ainsi, notre Univers a ses propres lois. Et je ne parle pas ici des lois de la physique, mais plutôt des lois spirituelles qui sont en place pour contribuer au plein épanouissement de l'Être parfait que nous sommes. Je n'en ai retenu que quelques-unes, soit celles qui me semblent les plus liées au bonheur de la légèreté : la loi du moindre effort (j'aime !), la loi du libre arbitre, la loi du pouvoir créateur et la loi de l'évolution spirituelle.

Elles ont toutes leur propre schéma naturel de fonctionnement, tout en étant étroitement liées les unes aux autres. En nous éveillant à leur dynamique et à leur influence sur l'Être énergétique, physique, conscient et spirituel que nous sommes, nous pourrons en tirer de très grands bénéfices. Après tout, nous ne faisons qu'un avec cet Univers !

Chapitre 22

La loi du moindre effort

Déjà, ça sonne bien, n'est-ce pas ? La loi du moindre effort ! Je l'adore, celle-là, rien qu'à son nom. Je la trouve inspirante. Et vous, comment cela vous fait-il sentir ? Bien et léger ? Soucieux et réprobateur ? Coupable et angoissé ? Avez-vous souri en lisant mon commentaire sur le fait que j'aime cette loi, ce qui vous a fait penser que j'ai peut-être un petit côté paresseux ? Ne vous en faites pas, je n'en ferai pas une affaire personnelle !

Toutefois, je suis d'accord avec vous : que de croyances nous avons emmagasinées au sujet de l'effort ! Par exemple : il faut travailler dur pour réussir ; c'est par l'effort et la persévérance que l'on arrive à ses fins ; qui ne met pas l'effort n'arrive à rien et n'est qu'un paresseux. Ça vous semble familier ? Pourtant, l'Univers tout entier suit la loi du moindre effort. Mère Nature respecte à la lettre cette loi, elle aussi. Oserions-nous la traiter de paresseuse ? Jetez un coup d'œil par la fenêtre et vous remarquerez peut-être qu'au contraire elle compte quelques beaux succès et miracles à son tableau de réussites.

Mais alors, serait-ce que la loi du moindre effort n'est pas bien comprise, qu'elle est mal interprétée? Ça se pourrait! Car, en fait, elle est toute simple, comme nous le décrit si bien Deepak Chopra dans son ouvrage *Les sept lois spirituelles du succès* (4e loi spirituelle) :

« Si vous observez la nature au travail, vous verrez qu'elle suit le chemin du moindre effort. L'herbe n'essaie pas de pousser; elle pousse. Les poissons n'essaient pas de nager; ils nagent. Les fleurs n'essaient pas de fleurir; elles fleurissent. Les oiseaux n'essaient pas de voler; ils volent. Ils obéissent à leur nature intrinsèque. […] Briller est la nature du soleil. La nature des étoiles est d'étinceler et de scintiller. La nature de l'homme est de donner à ses rêves une manifestation et une forme matérielle, ceci sans effort, naturellement. »

La loi du moindre effort, c'est « faire moins et accomplir plus ». C'est suivre sa nature, sans forcer. C'est laisser l'énergie circuler librement, sans entrave. C'est suivre ses élans sans se laisser embourber par les messages d'Égo. C'est aussi faire la différence entre « normal » et « naturel ». La société a établi des normes, des façons de faire et de vivre qui peuvent aller à l'encontre de notre nature. Suivre bêtement ces normes nous mène à nous dénaturer. Nous savons que nous dérogeons à notre nature dès que nous sentons une lourdeur dans notre énergie. Deepak Chopra affirme aussi :

« L'intelligence de la nature fonctionne sans difficulté, sans friction, spontanément. Elle n'est pas linéaire ; elle est intuitive, holistique et féconde. Donc, lorsque vous êtes en harmonie avec la nature, lorsque vous vous fondez sur la connaissance de votre vrai Moi, vous devenez capable d'utiliser la loi du moindre effort. »

La simplicité, la fluidité, la libre circulation de l'énergie et... l'amour. Telles sont les bases de la loi du moindre effort. Dès que nous recherchons le pouvoir ou le contrôle ou encore l'approbation d'autrui, nous tombons dans la lourdeur et l'effort. Dès que nous critiquons, que nous jugeons, que nous nous inquiétons, nous bloquons la libre circulation de l'énergie.

À quoi utilisez-vous votre énergie ? À nourrir des illusions (« il faut », « je dois », « mes parents voudraient que », « je n'ai pas le choix », « c'est ça, la vie », « j'ai des responsabilités familiales ») ou bien à nourrir votre pouvoir créateur et à vous harmoniser avec les merveilles de ce qui vous entoure ?

Lorsque nous consommons une grande partie de notre énergie à alimenter la lourdeur et à nous battre contre les blocages que nous créons nous-mêmes (en résistant à ce qui est, altérant de ce fait la fluidité de l'énergie), il est normal de nous retrouver fatigués et moins aptes à utiliser notre énergie créatrice pour nos projets de vie. Par ailleurs, ces blocages créent des résidus énergétiques (émotions) qui nous mèneront vers d'autres expériences similaires, jusqu'à ce que nous ayons appris à vivre dans la fluidité et la libre circulation de l'énergie. Oui, les mêmes événements se reproduiront encore et encore, tant que vous ne les aurez pas intégrés et que vous ne prendrez pas la décision d'y réagir autrement. Pensez-y! Je me suis mise à observer ce fait dans ma propre vie et je vous garantis que j'ai rapidement commencé à faire des choix différents qui respectent de plus en plus ma nature.

La loi du moindre effort nous incite donc à accepter ce qui est, à nous responsabiliser et à abandonner le désir du pouvoir et du contrôle.

« Aujourd'hui, j'accepterai les personnes, les situations et les circonstances telles qu'elles se présenteront. Je saurai que ce moment est comme il devrait être parce que l'Univers entier est comme il devrait être. Cet instant, celui dont vous faites en ce moment l'expérience, est le point culminant de tous les instants dont vous avez fait l'expérience dans le passé. Il est ce qu'il est parce que l'Univers entier est ce qu'il est. »

La résistance — c'est-à-dire le contraire de l'acceptation — vient de l'écart que nous établissons entre ce qui est et ce que nous aimerions ou désirions qui soit. En cessant de nous rebeller et d'accuser, nous nous ouvrons à l'acceptation de ce qui est. Nous pouvons souhaiter que les choses soient différentes dans le futur et nous mettre en résonnance avec cette vibration, mais nous acceptons la situation actuelle.

Nous responsabiliser ne veut donc pas dire blâmer ou accuser (ni soi ni les autres), mais bien prendre en main notre capacité à avancer dans la simplicité et la légèreté. C'est aussi la compréhension que le sentiment de frustration que nous ressentons lorsque nous sommes en réaction vis-à-vis de « ce qui est » n'est pas provoqué par la situation ni par la personne en face de nous, mais bien par la friction de nos propres sentiments envers l'écart de « ce qui est » et de ce que nous désirions. Assumer la responsabilité de notre situation nous permet de saisir l'occasion de prendre de nouvelles décisions et d'aller vers le meilleur, soit ce que nous désirons vraiment.

Enfin, la loi du moindre effort nous amène à abandonner nos défenses, à cesser de vouloir forcer les situations ou à arrêter de tenter de convaincre et de persuader les autres d'accepter nos idées. Le moindre effort, c'est cesser de forcer, d'aller à l'encontre de ce qui est. Atteindre la légèreté par la libre circulation de l'énergie, de ce qui est, par la prise en charge en résonnance avec notre nature, dans la fluidité.

Je vous recommande fortement le livre de Deepak Chopra, *Les sept lois spirituelles du succès*, dans lequel vous trouverez des affirmations merveilleusement douces et inspirantes, comme celle-ci :

« Je pratiquerai l'abandon. Aujourd'hui, j'accepterai les personnes, les situations, les circonstances et les événements comme ils se présentent. Je saurai que ce moment est tel qu'il doit être parce que l'Univers entier est tel qu'il doit être. Je ne me rebellerai pas contre l'Univers entier en me rebellant contre ce moment. Mon abandon est total et complet. J'accepte les choses comme elles sont à cet instant, et non pas comme je voudrais qu'elles soient. »

La loi du moindre effort ne vous semble-t-elle pas la plus douce des merveilles ?

Chapitre 23

La loi du libre arbitre

Vous arrive-t-il de penser parfois que vous n'avez pas le choix ? Que la vie étant ce qu'elle est, il faut tout simplement la suivre ? D'ailleurs, peut-être que c'est ce que vous avez retenu de la loi du moindre effort : puisqu'il faut accepter les choses telles qu'elles sont, cela ne veut-il pas dire que nous n'avons aucun pouvoir, donc aucune liberté face à ce qui se produit dans notre vie ? La fatalité, quoi !

Je vous rassure, vous avez toujours le choix, la liberté et le libre arbitre. Toujours. Vos pensées, vos paroles, vos actes vous appartiennent en propre. Les actes que vous posez relèvent toujours de votre décision, de vos choix.

Bien sûr, nous sommes conditionnés par le conformisme de la société dans laquelle nous évoluons. Ainsi, nous pouvons penser que nous n'avons pas le choix de ceci ou de cela pour toutes sortes de bonnes ou de mauvaises raisons, toutes plus illusoires les unes que les autres, je vous l'affirme.

Comprenez-vous qu'en prononçant ces paroles « je n'ai pas le choix » ou même en les pensant, nous donnons notre accord à ce que la situation demeure telle qu'elle est ? Toutefois, si nous jumelons la loi du moindre effort avec la loi du libre arbitre (car toutes les lois fonctionnent en interaction les unes avec les autres), nous comprenons qu'en acceptant ce qui est et en laissant l'énergie circuler librement en suivant notre nature, nous prenons des décisions et effectuons des choix qui nous mènent tout doucement vers ce qui est en résonnance avec notre vrai moi. La situation actuelle n'étant que le reflet de qui vous étiez l'instant d'avant, vous avez toujours le choix de vous rebrancher avec votre vraie nature et de vous harmoniser avec ce qui est pour améliorer ce qui sera.

Rien ne peut arriver dans votre vie sans que vous le permettiez ; vous avez entre les mains la responsabilité de vos expériences de vie, de la façon dont vous vivez votre vie, de la façon dont vous réagissez devant les situations de la vie. Ainsi, vous décidez volontairement, consciemment ou non, de ce qui entre dans vos expériences de vie.

Ainsi fonctionne la loi du libre arbitre. Comme vous êtes le grand maître de cette loi, vous seul avez le pouvoir de l'utiliser pour vous-même. Pourtant, lorsque nous affirmons « je n'ai pas le choix », c'est comme si nous déléguions notre pouvoir à autrui, c'est-à-dire les autres, la destinée, la vie. Ainsi, tant que vous acceptez de déléguer votre pouvoir de libre arbitre à d'autres en les laissant décider pour vous, en suivant ce qu'on vous dit de faire sans écouter la résonnance en vous, en vous laissant guider par vos peurs plutôt que par votre bien-être, vous vous limitez dans vos choix de vie.

Donc, le libre arbitre stipule que vous avez le *pouvoir* et le *devoir* de faire vos propres choix, de prendre vos propres décisions — et vous avez **toujours** le choix. Croire le contraire est un choix en soi.

Par ailleurs, la loi du libre arbitre sous-tend que tous nos choix et toutes nos décisions doivent être pris dans le respect, l'amour et le bien-être de soi et de celui des autres.

Voici un exemple que vous avez sûrement déjà vécu : vous prenez une décision qui respecte votre vraie nature, dans le respect de votre bien-être, mais qui fait réagir fortement une autre personne. Vous avez activé votre libre arbitre en prenant votre décision. Et l'autre personne active ELLE AUSSI son libre arbitre en réagissant comme elle le fait. Sa réaction peut vous blesser, mais soyez conscient de deux choses : 1) sa réaction provient d'une blessure interne déjà existante, donc vous n'avez aucun pouvoir à ce sujet ; et 2) si la réaction de l'autre personne vous paraît blessante, c'est qu'elle atteint probablement une blessure interne déjà présente chez vous. Chaque fois que nous ou une autre personne réagissons fortement à quelque chose, c'est que nous souffrons. Une blessure déjà présente, une croyance ancrée, une programmation nous font réagir, sous l'emprise de la souffrance.

Déjà, en reconnaissant la souffrance chez l'autre tout comme en reconnaissant celle en nous, il nous est possible de nous mettre en mode empathique plutôt que défensif et de nous détacher de la réaction de l'autre, comprenant qu'elle répond à un mécanisme interne. Ainsi, il nous est plus facile de respecter et d'accepter les choix, décisions et réactions des autres, dans l'activation de leur libre arbitre.

Bref, la compréhension et l'application de la loi du libre arbitre nous permettent d'alléger notre cheminement et nos interactions avec les autres, tout en exprimant librement qui nous sommes vraiment. Dans le respect, l'amour, la compassion et l'acceptation. Ainsi que dans l'harmonie, soit la résonnance de notre essence avec ce qui est et ce que nous choisissons qui soit.

Chapitre 24

La loi du pouvoir créateur

Cette loi stipule que je crée ma vie. Je crée tout ce qui se passe dans ma vie, sur tous les plans. Par mes choix, mes actes, mes pensées, mes paroles, je crée mon chemin et «j'avance» dans la vie. Bien sûr, quand on parle du pouvoir créateur, on pense à la loi de l'attraction : mes pensées vibrent d'une intention dont le ressenti envoie des signaux dans l'Univers, puis ce qui vibre à l'unisson dans l'Univers est attiré à moi et se concrétise dans ma vie, donc je crée. Le concept semble simple, mais la pratique nous pose plus de problèmes.

Oh, j'ai réussi à «attirer» plusieurs choses que j'ai désirées dans ma vie, mais de façon inconstante. Il semblerait que quelque chose nuise à la libre circulation de l'énergie dans mon pouvoir créateur. En fait, j'ai compris que je créais (car nous créons chaque seconde de notre vie, et ce, depuis notre naissance), mais de façon limitée — limitée à mes croyances, selon ce que je crois possible et ce que je crois être en mesure de faire ou pas.

En regardant de plus près la loi du pouvoir créateur pour mieux la comprendre et m'harmoniser avec ses principes, j'ai senti des questions se manifester à moi : est-ce que je m'assume en tant «qu'artiste»? (Tout le monde étant ici pour créer sa vie, chacun d'entre nous est un artiste.) Est-ce que je reconnais toute l'ampleur de mon talent et de mon potentiel créateur? Est-ce que j'accepte toutes les possibilités de ce qui peut être dans ma vie et m'y ouvre totalement?

C'est ici que j'ai pris conscience de mes limites internes et des blocages que je posais à la libre circulation de l'énergie.

Prenons un exemple : il m'est arrivé, comme à vous tous j'imagine, de jongler avec une situation que j'acceptais mal dans ma vie, qui me causait du stress et, qui plus est, revenait de façon cyclique sur ma route. En y regardant de plus près, j'ai fait les constats suivants. Selon la loi du moindre effort, j'entravais la libre circulation de l'énergie en nourrissant des résistances et de la peur (je n'étais pas dans l'acceptation), en plus de faire un peu de culpabilité (je me blâmais moi-même, contraire à la responsabilisation) et je tentais de forcer des choses (contraire à l'abandon). Voyant cela, j'ai décidé de pratiquer le détachement, c'est-à-dire de ne pas m'impliquer émotivement dans la situation. En parallèle, j'ai constaté que j'étais entourée de personnes vivant une expérience similaire à la mienne (selon la loi de l'attraction, j'attire à moi ce qui vibre à l'unisson).

Jusque-là, je comprenais la dynamique en action, mais je ne réussissais pas à identifier la source du blocage d'énergie. Je suis allée consulter des spécialistes de l'énergie pour mieux comprendre. (On a souvent besoin des autres pour nous aider à nous mettre en perspective, pour ensuite mieux revenir à notre Centre — nous sommes tous interreliés!) Tous me disaient de ne pas m'inquiéter, que tout allait bien. Tous, sans exception, m'ont dit : «Tu n'as pas à t'inquiéter» ou «Arrête de t'inquiéter». Je n'ai pas reçu d'indication plus détaillée, simplement d'arrêter de m'inquiéter. Je les ai remerciés de vouloir me rassurer, mais c'est que j'essaie de comprendre ce qui se passe, car il y a bel et bien un schéma qui revenait de façon régulière dans ma vie. Je voulais faire cesser ce mécanisme interne. Je voulais faire des choix différents pour créer des résultats différents, plus en harmonie avec ma vraie nature. Mais voilà, le problème, c'est que je n'avais toujours pas identifié la source du schéma récurrent!

Pourtant, la réponse était là, juste sous mes yeux. Et la voilà, l'illumination, la prise de conscience, l'éveil... Je croyais ne pas avoir obtenu les réponses, mais elles étaient là : la source ET la solution. Elles avaient toujours été là, en pleine lumière, mais je ne les avais pas décodées.

Tous les travailleurs d'énergie que j'ai consultés m'ont donné la réponse : cesse de t'inquiéter. C'était ÇA, la source, l'élément qui créait le cycle récurrent :

je m'inquiétais. Et qui plus est, j'en discutais avec des gens qui vivaient la même situation que moi. Nous tentions ensemble de faire des prises de conscience et de nous aider mutuellement. Or, en énonçant nos problèmes et en concentrant notre attention, notre pensée et nos paroles sur la situation problématique, nous la nourrissions mutuellement. Pourtant, nous en discutions en vue de trouver des solutions, d'y voir plus clair, de nous observer. En fait, nous nous visualisions tellement dans la situation actuelle que nous en oubliions de nous en détacher et de visualiser des choix différents et des résultats différents. Nous nous inquiétions de trouver LA bonne solution, mais dans un état de contrôle (donc de peur)!

Par ailleurs, j'ai pu observer un autre blocage : je n'avais pas tout à fait confiance en mon potentiel de créatrice. J'avais souvent tendance à sous-estimer mon pouvoir créateur, à me laisser prendre au piège de mes limites internes. Voici les énergivores en cause : le doute, le manque de confiance, certaines croyances limitatives quant à ce qu'il est possible pour moi de réaliser.

Tout ça vous est familier aussi? Tant mieux! Ceci nous indique que nous sommes sur le bon chemin — celui de la prise de conscience et de l'ouverture à tout ce qui est possible pour nous de créer.

Ma vie, votre vie est l'œuvre que je suis et que vous êtes en train de créer. L'Univers ainsi que notre environnement nous fournissent tous les outils pour que nous en fassions un chef-d'œuvre! Toutefois, si nous restons plantés devant la toile blanche à douter de notre potentiel, de nos capacités et de notre légitimité («je suis qui, moi, pour faire telle ou telle chose?»), rien ni personne ne pourra créer à notre place. Personne d'autre que nous n'est maître en notre royaume ni ne peut faire les choses à notre place. Car, si on le fait à notre place, ce n'est plus notre œuvre, notre création et nous demeurons spectateurs des créations des autres. Ainsi sont interconnectées la loi du libre arbitre et la loi du pouvoir créateur.

Je ne sais pas ce que vous en pensez, mais, ici et maintenant, je décide que je me permets d'être créatrice de ma vie et de croire en tout mon potentiel. Je me donne la permission, je me fais confiance et je m'ouvre à la puissance de mon pouvoir créateur. Je fais le choix de créer ma vie!

Chapitre 25

La loi de l'évolution spirituelle

La loi de l'évolution spirituelle stipule que l'âme chemine d'une expérience d'incarnation à l'autre afin d'expérimenter et d'atteindre le plus haut niveau possible dans le potentiel de chacune de ses vies terrestres. Son but ultime ? Élever sa fréquence vibratoire sur le plan physique et retrouver dans sa forme humaine le niveau vibratoire de son état d'origine. C'est la raison pour laquelle notre âme nous guide, nous pousse, met sur notre chemin des personnes et des situations pour nous faire vivre des expériences nous permettant d'accéder à un plus haut niveau vibratoire, si nous acceptons de nous ouvrir à l'apprentissage et nous nous abandonnons à l'expérimentation. Le libre arbitre, encore une fois, peut venir soit appuyer les efforts de l'âme dans ses tentatives, soit y nuire.

Le processus d'évolution se fait rarement de façon linéaire. Il ressemble plutôt à une spirale cyclique qui évolue tantôt en mouvements accélérés, en mouvements ralentis, en régressions, en stagnations, puis encore en mouvements accélérés. Comme dans une danse folklorique, il peut y avoir deux pas en arrière et trois pas en avant. Comme un ruisseau sautillant peut se déverser dans une mare stagnante qui elle-même est barrée par un mur de rochers que l'eau doit contourner pour ensuite retomber en petites chutes, le cheminement de l'âme suit aussi son cours. La conscience, l'égo et le libre arbitre sont pour l'âme ce que les rochers, l'inclinaison du terrain et la végétation sont pour l'eau qui tente de frayer son chemin.

Donc, il est normal, dans le cours de notre propre cheminement, que nous soyons confrontés à des périodes de stagnation. L'état ou le sentiment qui en ressort alors (sentiments de vide, d'être perdu, de tourner en rond, de ne plus savoir qui l'on est) traduit l'affrontement de notre conscient avec les désirs de notre âme. Sachant que le contact est établi par l'espace ainsi créé en nous, l'âme se met en action encore plus fort pour nous transmettre des messages et de la guidance par l'entremise des intuitions, des synchronicités, des paroles éclairantes offertes par une personne de notre entourage. Éventuellement, lorsque nous nous habituons à nous connecter de façon consciente sur la guidance de notre âme et que nous appliquons la loi du moindre effort, les mouvements d'évolution se font de façon de plus en plus accélérée.

Comment savoir que nous évoluons sur notre chemin spirituel, dans la voie de notre âme ? Tout d'abord, on ne se sent pas supérieur aux autres pour autant. L'orgueil, la gloire, le prestige et la reconnaissance n'ont pas de place ici. Au contraire, on se sent plus solide, plus ancré. On ne se sent plus balloté par la masse sociale (cela dit, encore ici, sans préjugé négatif). On ne ressent plus le besoin de suivre la mode pour être *in*, on ne se sent plus obligé de penser de telle façon parce que la culture, les normes et les institutions encouragent à le faire. On ne ressent plus le besoin de faire partie de la masse, d'avoir une appartenance pour avoir une identité. Nous devenons des individus à part entière, tout en comprenant que nous sommes tous liés les uns aux autres. Nous faisons confiance à nos élans et nous passons à l'action spontanément dans la joie, sans nous soucier du jugement ou de l'avis des autres. Ainsi, nous ne jugeons pas les autres des décisions qu'ils prennent et nous ne tentons pas de les influencer autrement, bien que leurs décisions puissent parfois nous sembler n'avoir aucun sens. Si cette décision n'a pas de sens pour nous, pour notre cheminement, elle peut très fortement en avoir pour le cheminement de l'autre personne. Le respect de l'évolution et de l'individualité de chacun est primordial.

Je souligne ici qu'individualité ne veut pas dire égoïsme. Être individuel, c'est expérimenter son indépendance d'esprit envers l'automatisme, le conditionnement et la programmation de la pensée. C'est le discernement, l'éveil, l'ouverture. L'évolution se fait par l'éveil de la conscience par rapport à notre vraie nature individuelle, unique et unifiée.

Je trouve très inspirante la loi de l'évolution spirituelle, car elle me permet de comprendre les raisons d'être de mon incarnation ou de mes incarnations ainsi que de mon cheminement actuel. Je sais que mon âme cherche ultimement la libération : conserver le sentiment de bonheur profond de tous les acquis, fruits des expériences et des liens établis avec d'autres âmes, dans le détachement des symboles physiques et matériels qui y sont associés. L'équilibre ultime entre la matière, le divin et le conscient.

Ne conserver que le sentiment de bonheur profond de tous les acquis et se détacher de tout le reste. La légèreté, quoi ! Quand je vous disais que l'âme aime voyager léger...

Chapitre 26

Ma propre loi... le jeu de la vie !

Êtes-vous conscient que l'humain a tendance à prendre la vie trop au sérieux ? C'est d'ailleurs ce qui la rend plus difficile à vivre, car, en prenant la vie au sérieux, nous nous imposons une rigidité là où la fluidité essaie de garder sa place. En choisissant la fatalité et en disant par exemple « c'est ça, la vie » comme si on devait « faire avec », on y perd notre flamme, notre liberté d'action et nos rêves. Alors qu'en fait la vie est un jeu. Un jeu d'action. Un jeu d'accomplissement et d'épanouissement. Chaque jour, vous êtes appelé à prendre des décisions et à passer à l'action pour votre bien-être. Si vous ne vous sentez pas vous accomplir et vous épanouir chaque jour, vous ne jouez pas. Vous SUBISSEZ. Vous subissez la vie. Est-ce que c'est vraiment ce que vous voulez ? Je ne crois pas. Et moi non plus.

Voici les questions que je me suis posées et les actions que j'ai entreprises afin d'être en accord avec moi, mes rêves et mes élans d'accomplissement. Je peux vous garantir que, à partir du moment où j'ai commencé à adopter MES règles plutôt que celles des autres ou de la société, j'ai commencé à rétablir mon équilibre : de nouvelles portes se sont ouvertes à moi (auxquelles je n'aurais jamais pensé), d'autres se sont fermées (enfin !). Le plus merveilleux, c'est que j'ai acquis un sentiment de bien-être qui grandit de jour en jour.

La vie est un jeu d'action

Est-ce que je joue ? Vraiment, est-ce que je JOUE, c'est-à-dire est-ce que je m'amuse dans ma vie ? Ai-je du plaisir à expérimenter et à découvrir les infinies possibilités qu'offre la vie ? Ou bien est-ce que j'ai tendance à prendre les choses au sérieux, avec rigidité ? Longtemps dans ma vie (et encore parfois aujourd'hui), j'ai eu tendance à donner la priorité à mes « responsabilités » et à me remettre à l'ordre avec des phrases telles que : « Mais voyons, ça ne se fait pas. C'est bien beau, tout ça, mais retourne aux choses sérieuses, maintenant. » J'ai donc souvent été en conflit avec moi-même, tout en ressentant un grand sentiment de culpabilité envers moi de ne pas concrétiser mes rêves et mes envies, ou envers les autres de ce qu'ils peuvent penser de mes choix et décisions.

Aujourd'hui, j'essaie de jouer, de m'amuser avec mes expériences de vie. Je me pose régulièrement les questions : « Est-ce que j'ai du plaisir ? Est-ce que je ressens du bonheur, de la joie en ce moment ? » Pour moi, maintenant, ce qui est sérieux, c'est ce en quoi je crois — et je crois sérieusement en l'importance d'avoir du plaisir, de m'amuser et de jouer à explorer tout mon potentiel et toutes les possibilités que la vie a à offrir.

Des actions visant à s'accomplir et à se réaliser

Je me pose de plus en plus ces questions, non pas pour régenter, mais pour vérifier où j'en suis, pour vérifier l'état d'esprit dans lequel je suis lorsque je passe à l'action dans mon jeu de la vie : « Est-ce que je m'accomplis ? Est-ce que je me réalise ? Quels sont mes dons, mes talents ? De quelle façon est-ce que je les mets à contribution ? De quelle façon puis-je me rendre utile aux autres ? » Puis, j'écoute et je suis mes élans spontanés.

Lorsque je me trouve dans le contrôle (car oui, ça m'arrive encore), je me surprends à me poser plusieurs questions qui proviennent de sentiments d'angoisse, de peur et d'insécurité, du genre : « Quelle décision devrais-je prendre ? Est-ce que je devrais faire ceci ou cela ? Pourquoi est-ce que telle chose n'arrive pas ? J'ai travaillé tellement fort ! Est-ce que c'est parce que je ne suis pas sur le bon chemin ? » Mes actions sont alors dirigées par mes peurs et par mon ami Égo. Lorsque j'en prends conscience, je me recentre, je reviens à mon essence et à ma vraie nature, en me rappelant pourquoi j'ai décidé d'entreprendre telle action. Je me recadre ainsi dans l'élan d'amour et dans l'expression de mon potentiel pour réaligner mes actions.

Mes règles du jeu

Chacun de nous prend ses décisions en fonction de paramètres, que j'appelle nos règles du jeu. Ces paramètres
sont bien sûr nos croyances et les programmations que
nous avons intégrées. Il est bon d'y faire régulièrement
du ménage afin de renouveler, de réadapter et de rajuster
nos paramètres ainsi que de nous assurer qu'ils favo-
risent notre cheminement. Voici quelques questions qui
permettent de faire quelques prises de conscience
importantes :

- Quelles sont mes règles de vie actuelles ? Ce qui
  se fait, ne se fait pas, etc. Quelles sont les limites
  que je m'impose — des règles de mon propre jeu
  qui ne me permettent pas de devenir ce que je
  rêve d'être ou d'obtenir ce que je rêve d'obtenir ?

- Est-ce que mes règles de vie contribuent à
  mon plein accomplissement et à mon plein
  épanouissement ?

- Que faudrait-il faire, voir, percevoir différemment
  pour parvenir à mon plein épanouissement ?

- Que suis-je prête à faire différemment ?

Certaines personnes trouvent inconcevable que j'aie
« abandonné » une carrière prometteuse en tant que
consultante en ressources humaines en grande entre-

prise. Elles ne comprennent pas que je vive dans «l'instabilité». D'autres personnes disent m'admirer d'avoir eu le «courage» de faire le grand saut, celui de travailler à temps partiel, d'écrire, de chanter. Ces personnes me disent qu'elles n'oseraient jamais prendre ce risque. Chacune de ces personnes a raison, en fonction de ses croyances personnelles. Elles écrivent leur histoire, dans le contexte qui leur convient. Mais j'invite ces personnes à se poser des questions, à s'assurer qu'elles vivent leurs rêves, qu'elles s'épanouissent et s'accomplissent pleinement.

Pour ce qui est des risques, je trouve qu'il n'y a rien de plus rassurant que de plonger dans ce qui nous passionne, de vivre pour notre plein accomplissement, pour nous réaliser et contribuer par notre talent. Le reste ne dépend que des limites que nous nous imposons.

Et vous, quelles sont vos règles de vie? Qu'est-ce qui vous rend heureux? De quelle façon vous assurez-vous de jouer avec la vie? Qu'est-ce qui mène vos principes de vie : les peurs ou le bonheur? La résistance ou la confiance?

Adoptez l'attitude ouverte au jeu d'un enfant qui explore la vie. Ajoutez-y la sagesse de votre âme, le plein potentiel de toutes vos ressources internes et la conviction que tout est possible. C'est là la partie sérieuse du jeu. Le reste est pur plaisir!

Vos trucs de légèreté

À vous la parole…

J'ai demandé à mes lecteurs de piger dans leur boîte à outils et de me faire part de leurs propres trucs qui leur permettent d'apporter légèreté et bonheur dans leur quotidien. En voici quelques exemples. Je vous invite à vous inspirer de leur partage. Merci à vous tous!

• • •

« Il y a quelques attitudes que j'essaie de mettre en pratique dans ma vie. Par exemple, je crois que tout ce qui nous arrive a une raison d'arriver. Souvent, on ne comprend pas tout de suite, mais, plus tard, avec du recul, nous avons la réponse à nos questions. Aussi, je crois que porter un masque ne nous avantage en rien; il ne fait que dissimuler notre vraie nature, qui sera un jour ou l'autre démasquée. Et ce jour, tous ceux que nous avons trompés seront plus déçus que s'ils nous avaient connu sous notre vraie nature. Alors, soyons nous-même en tout temps et nous serons plus heureux. »

Maurice Poulin,
Sainte-Marie-de-Beauce

• • •

«Dans mon quotidien, je maintiens la légèreté et la douceur en prenant la vie une journée à la fois. Dernièrement, il me manquait quelque chose dans ma vie, mais je ne savais pas trop quoi. J'ai commencé à faire de la méditation, ce que je n'avais jamais fait auparavant. J'ai suivi un cours en ligne et j'ai commencé à méditer matin et soir.

Quand je médite, je relaxe et je passe du temps de qualité avec moi-même. Je connecte avec qui je suis et avec l'Univers. Wow! Quelle belle connexion, quel plaisir de me retrouver! Lorsque je médite, j'exprime ma gratitude pour les belles expériences de la journée, j'élimine les pensées et les actions négatives, je prépare ma journée et je planifie mon futur avec l'aide de mes conseillers internes. J'aide les gens que j'aime et j'exprime ce que je désire à l'Univers.

Je peux vous dire que la méditation a changé ma vie. Je suis relax et je vis chaque jour en harmonie avec moi-même avec un esprit positif, plein de passion, de joie et de bonheur. Toutes les réponses à mes questions sont à l'intérieur de moi. Je ne cherche plus ailleurs, car je n'en ai pas besoin. Quelle belle découverte, cette méditation!»

Pierre Grimard,
Saint-Lambert

• • •

«J'accepte votre invitation à partager avec vous comment je maintiens ma joie de vivre, même dans les moments difficiles. J'ai une facilité à être heureuse parce que je le choisis et je le mets en pratique, bien que ce ne soit pas toujours facile. J'ai commencé à m'intéresser à la spiritualité à l'âge de 20 ans ; j'ai maintenant 61 ans. Il m'est arrivé plusieurs événements dans ma vie qui m'ont fait grandir ; j'ai appris les leçons que je devais apprendre pour mon évolution, j'ai toujours retroussé mes manches et continué à garder ma bonne humeur. Souvent, il m'arrive de remercier mes amis invisibles (c'est ma croyance) de m'aider. Je me sens moins seule. Je fais arriver les choses ; je suis la cocréatrice de ma vie. »

Claude Lajeunesse,
Saint-Zénon

• • •

« Il y aura toujours des moments dans la vie où l'incertitude de l'avenir nous paralyse. Pires encore sont ces moments où on se sent incapable de surmonter les épreuves qu'on n'a pas choisies — les maladies, les peines d'amour, la perte d'emploi. En 38 ans, je me suis déjà demandé, à deux reprises, si cela valait la peine de continuer, tellement je me sentais seule et victime. La première fois, une peine d'amour — l'infidélité. La seconde, un très mauvais investissement. Ce que j'ai appris, c'est ceci : il n'y a pas d'épreuves que nous ne pourrons pas surmonter. Le temps guérit tout et nous permet de comprendre le passé. Lorsque je perds l'équilibre, je me projette dans

10 ans d'ici pour m'imaginer avec une amie proche à lui raconter ce qui m'arrive aujourd'hui. Souvent, j'y découvre la leçon qui est cachée derrière ces événements et je prends le temps de bien l'apprendre. »

Jennifer Charron,
Montréal

• • •

« De quelle façon je maintiens la légèreté dans mon quotidien de fou ? Mère monoparentale de deux enfants qui ont des défis particuliers à relever, je dirais que ma vie n'est PAS un long fleuve tranquille. Pour garder le cap, il n'y a pas 36 solutions : il faut apprendre à lâcher prise... Il faut apprendre à choisir nos batailles et il faut accepter que, parfois, ce ne soit pas propre propre chez nous ! D'un point de vue pratico-pratique, faire des listes écrites a été salutaire. Listes de mes priorités, de mes besoins, des nécessités, des travaux à faire et, évidemment, listes d'épicerie, des dépenses et des revenus ! Une fois mes listes faites, je les laisse toujours à la vue, collées sur le côté de mon frigo. Et quand je sens la tension monter, l'anxiété m'envahir (et Dieu sait que je suis une anxieuse professionnelle, championne mondiale plusieurs fois médaillée !), je regarde mes listes. Je relis la liste appropriée à mon anxiété du moment, et ça me repositionne dans la réalité. Mes listes écrites m'aident à relativiser mon stress : je VOIS ce que j'ai à faire, je VOIS ce qui s'en vient, je vois aussi ce qui s'est passé! Mes listes m'aident à prendre les choses un jour à la fois. Je sais que je n'ai pas à paniquer à cause de XYZ parce que Z est prévu à une date précise et que TOUT va bien aller entre maintenant et là. Une fois le stress éliminé, la légèreté et la douceur arrivent naturellement… parce que les tensions ne sont plus, parce que je sais que tout est sous contrôle, que je n'ai pas à m'inquiéter!»

A.

• • •

«Pour retrouver ma légèreté, c'est simplement et uniquement avec la musique que j'y arrive! La musique me transporte complètement. Elle m'émeut souvent. Non pas juste de la tristesse, mais bien une grande joie, un état de bien-être.»

Carole Goyette,
Saint-Bruno-de-Montarville

• • •

«Il y a des années, j'ai décidé de me lever de bonne humeur chaque matin, car c'est un nouveau jour. Je fais de la méditation tous les matins, qui dure de 5 à 30 minutes, dépendant de mon ressenti. Je me concentre toujours sur le côté positif de ma vie. Je suis responsable de toutes mes pensées, de ce qui m'arrive. Je suis devenue une meilleure personne grâce aux expériences que j'ai eues dans la vie ; je m'en suis servi comme levier. Je vois toujours un verre à moitié plein ; c'est ma vision de la VIE. Je prends soin de moi, de mon corps qui n'est pas parfait aux yeux de la société ; mais ce que je sais, c'est que je suis UNIQUE. Je prends soin de mon âme en faisant des lectures inspirantes, en écoutant de la musique et en allant dans des endroits qui m'inspirent spirituellement. Autre chose importante, c'est qu'en me couchant, je médite. Et j'ai un mantra que plusieurs connaissent : JE T'AIME, JE SUIS DÉSOLÉE, PARDONNE-MOI, MERCI (Ho'oponopono). »

Sylvie Bradette,
Québec

En conclusion... le bonheur!

Le bonheur... tout court!

Ultimement, tout le monde veut être heureux. Tout le monde! C'est sous-jacent à la loi de l'évolution : la recherche du bonheur. On ne souhaite que le meilleur et tous, nous désirons une bonne et belle vie. En usant de son libre arbitre et de son individualité (ou bien de son attachement à la masse), chacun à sa manière cherche à être heureux et à ressentir du bien-être.

Je suis d'accord avec l'auteur Joe Vitale, qui écrit : «Les gens agissent toujours pour des raisons positives même si leurs comportements sont (semblent) négatifs.» Vitale dit aussi : «Les gens n'agissent que dans le but de se sentir bien. Tout le monde veut être heureux, ressentir du plaisir. Les gens agissent pour le mieux.»[2]

Oui, je crois moi aussi que les gens agissent toujours pour le mieux. Que chacun cherche à se soulager d'une pression intérieure et, selon les programmations et le fonctionnement de son mental (altéré ou sain), la personne agit en conséquence, dans sa quête de bien-être. Comme nous le rappelle Joe Vitale, il est important de faire la distinction entre ce que les gens font et qui ils

2. Joe Vitale. *Le manuel inédit de la vie* (livre audio), 2009.

sont. La personne n'est pas mauvaise : elle est blessée, elle souffre et elle exprime sa douleur comme elle le peut, comme elle l'a appris ou comme elle l'a vu faire. Je vous l'accorde, ce n'est pas toujours facile d'accepter de s'ouvrir à voir les choses de cette façon, particulièrement lorsque l'on est partie prenante dans la situation. Toutefois, en tant qu'Être en processus d'éveil de la conscience, rappelez-vous que l'âme s'incarne pour expérimenter, se libérer, contribuer et évoluer. Cette vie et les expériences qui la composent font partie de son grand plan d'évolution. Elle explore, par l'entremise du corps physique. Selon nos schèmes de perception et nos valeurs à nous, humains, et surtout selon la façon dont nous choisissons de nous identifier à la situation, nous pensons souffrir et subir. Mais c'est en fait un processus de guérison et d'évolution. Il ne s'agit pas ici d'excuser les gestes les plus répréhensibles, mais simplement d'être en paix avec les choix de l'âme. Tout fait partie d'un plan beaucoup plus grand que ce que nous pouvons en percevoir dans notre dimension humaine et ne se limite pas qu'à cette vie-ci.

Ainsi, par ma philosophie spirituelle, je crois que toute âme est fondamentalement bonne. Selon son évolution spirituelle et l'éveil de sa conscience, une personne apprend (ou non) à comprendre ses réactions devant les situations de la vie. Elle développe, ou non, des outils, des points de référence et une capacité à s'adapter, à s'ouvrir et à accueillir avec amour tout ce qui est, incluant elle-même. Rappelez-vous que votre état de bien-être dépend souvent de la façon dont vous vous traitez, tout en traitant avec les autres — il est impératif de vous accorder bienveillance et respect. C'est le plus grand souhait de votre âme.

Ultimement, l'âme et la conscience humaine visent toutes deux le même but : expérimenter la joie, le bonheur et l'amour ou, à tout le moins, adoucir et apaiser les souffrances et blessures d'une façon ou d'une autre, et, ultimement, s'en libérer. Le fait d'en être conscient nous permet de considérer avec plus d'ouverture et de sagesse les agissements des personnes autour de nous (en nous ouvrant à nous focaliser sur leur âme en expérimentation et en évolution) et à nous détacher de ce qui appartient à l'autre (soit le bagage et les résidus émotifs liés aux réactions qu'elles ont choisi d'avoir face à leurs expériences de vie).

Le bonheur ne découle pas d'une quête. Le bonheur découle de l'ouverture du cœur à vivre le moment présent dans l'abandon, le détachement, l'amour et la joie. Dans la libre circulation, le « flow » et l'acceptation.

Dans la légèreté de la tête, du corps et des énergies.

Énoncé de gratitude

Merci pour les gens qui sont dans ma vie, pour la connaissance que je développe sur moi et sur eux et qui me permet d'avoir une vision plus éclairée, saine et positive de mes relations avec ces personnes. Même si je trouve parfois difficile de reconnaître le côté divin de chaque personne que je croise, je m'aime et je m'accepte totalement. Merci pour toute la joie et le bonheur qui circulent dans ma vie. Je suis heureux, j'ai le cœur rempli de joie et de gratitude. Merci !

Un dernier petit mot...

J'ai eu beaucoup de plaisir à partager avec vous mes expériences et mes réflexions. J'espère que vous en avez eu tout autant et qu'à votre tour vous n'hésiterez pas à partager autour de vous vos propres apprentissages de vie. N'oubliez pas, nous sommes tous interreliés. En tirant profit des leçons de vos propres expériences, vous élevez votre fréquence vibratoire. Ainsi, vous créez et vous contribuez, par votre rayonnement et votre partage, à élever celle des autres. C'est de cette manière que nous devenons le meilleur de qui nous sommes vraiment.

Et qui êtes-vous ? Vous êtes un Être merveilleux, magnétique, au style aérien, un ninja tout en souplesse, un gourmand de légèreté, un pro du dépoussiérage énergétique, un créateur puissant, un générateur de bonheur, à la fois engagé et détaché, ancré dans votre lumière...

**JE SUIS — JE RAYONNE — JE SYNTONISE —
JE CRÉE
Dans le bonheur de la légèreté!**

Ouverture, flexibilité, agilité
RESPIRATION
Souplesse, liberté d'action, fluidité
SOURIRE
Engagement, détachement, libre circulation, mobilité
RESPIRATION
Soulagement, accueil, épanouissement
SOURIRE
Ancrage, écoute, partage
GRATITUDE

BIEN-ÊTRE, BONHEUR ET LÉGÈRETÉ!

Annexe :
Énoncés de gratitude

Pour favoriser et maintenir la légèreté du mental, faites-vous le cadeau de lire et de relire ces énoncés, ou bien écrivez les vôtres !

1. Je remercie toutes les expériences qui entrent dans ma vie, car elles me permettent d'en apprendre plus sur moi et sur les autres, et ainsi d'évoluer. Même si je ne suis pas toujours satisfait de la façon dont je réagis à ces expériences, je m'aime et je me respecte totalement. J'accepte et j'accueille ce qui entre dans ma vie. Je suis reconnaissant du bagage que j'ai accumulé jusqu'à maintenant et j'accepte de libérer toutes les émotions qui y sont reliées. Je ressens tellement de gratitude devant tant de douceur et de légèreté. Merci !

• • •

2. Je suis reconnaissant pour le soutien que je reçois de mon équipe interne. Je suis guidée, soutenue et en sécurité. Je sais que j'ai accès en tout temps à ces fabuleuses ressources, à ce savoir et à cette sagesse infinie. Même si j'ai parfois de la difficulté à m'y ouvrir, je m'aime et je me respecte totalement. Je suis rempli de gratitude envers toute cette abondance et tout cet amour. Je vous remercie, membres de mon équipe adorée. Je me remercie aussi du bien que je me fais et que je dégage autour de moi.

• • •

3. Je suis reconnaissant pour mes zones **d'inconfort**, car elles me parlent de mes limites mentales, de mes croyances et de mes programmations. Je les accueille avec amour, en douceur. Je ressens énormément de gratitude pour ma zone de confort élastique, qui m'accompagne et qui s'agrandit au fur et à mesure que j'intègre de nouvelles perspectives. J'explore en toute confiance, dans la joie, le plaisir et la curiosité, car je suis en sécurité. Je m'ouvre avec bonheur à mes rêves, à mes passions et à mes élans profonds. Je me permets de m'épanouir pleinement et j'en suis rempli de gratitude.

• • •

4. Je remercie chaque situation qui se présente à moi, car elle est toujours parfaite pour ce que j'ai besoin de vivre au moment présent. Avec reconnaissance, j'accueille la situation et j'accueille avec bienveillance l'émotion que je génère en moi. Je sais que toute situation est neutre, ni mal ni bien en soi. Mes émotions ne sont que les reflets de la perception que j'ai de cette situation. J'accepte de laisser aller l'émotion afin de mieux comprendre la signification que j'attache à la situation et de me permettre de m'en détacher. Ainsi, je me libère et j'accède aux solutions, aux décisions qui sont les meilleures pour moi, aux prochains pas à prendre pour poursuivre ma voie. Je me sens rempli de gratitude envers moi-même pour ce merveilleux cadeau. Je respire avec bonheur ces sentiments de liberté et de légèreté.

• • •

5. Merci pour toutes les possibilités qui s'offrent à moi dans ma vie. Je ressens énormément de gratitude pour tout ce qui est et tout ce qui est possible dans ma vie. Je suis reconnaissant de ma capacité d'ouverture, de réceptivité, de spontanéité, d'amour et d'acceptation. Même si certains aspects de cet état sont encore un peu difficiles pour moi, je m'aime et je m'accepte totalement. C'est avec soulagement, douceur et amour que je rencontre mes résistances envers l'incertitude

et que je les reconnais. Je me remercie pour ce beau cadeau que je m'offre à cet instant précis. Merci!

. . .

6. Je suis reconnaissant pour la merveilleuse capacité que j'ai de prendre de la perspective. Je me donne l'autorisation de prendre du temps pour moi, pour retrouver mon focus lorsque j'en ressens le besoin. Je sais reconnaître les signes qui m'indiquent que je suis dans l'émotion. Je me détends, je souris, je m'ouvre avec curiosité à la suite des choses. Ce faisant, je me positionne dans la légèreté et, ainsi, mon focus est constamment centré sur mon bien-être. Merci!

. . .

7. Merci pour la merveilleuse ouverture qui s'opère dans ma conscience. J'ai la capacité de prendre de la distance, d'écouter et d'observer paisiblement mes émotions, dans la douceur, et d'y répondre de façon saine pour mon bien-être et pour celui des autres. Même si je n'y arrive pas chaque fois, je m'aime et je me respecte totalement. Je m'ancre dans l'équilibre et tout redevient simple, facile, fluide et agréable. Un sublime sentiment de gratitude m'envahit avec bonheur!

. . .

8. Merci à mon Être intérieur, qui veille constamment à attirer mon attention vers les apprentissages que j'ai besoin de faire pour l'évolution de mon âme. Même si je ne comprends pas toujours ses messages insistants, je m'aime et je me respecte totalement. Je suis infiniment reconnaissant pour toute l'aide et tout le soutien que je reçois à tout moment de ma vie, et je comprends que les expériences qui entrent dans ma vie sont pour mon plus grand bien. Je me libère avec gratitude!

• • •

9. J'accepte avec gratitude de vivre au présent. Je suis immensément reconnaissant du pouvoir que j'ai de créer ma vie ici et maintenant. Je me sers des apprentissages de mes expériences passées et je prépare mon futur, la réalisation de mes rêves, sans l'anticiper. Je suis dans le bien-être et l'action, ici et maintenant. Je demeure à l'écoute de mon Être, qui me guide dans l'amour et la douceur. Je prends pleinement conscience que le temps n'existe pas et que tout ce qui compte est l'utilisation que je fais du moment présent pour créer ma vie. Merci!

• • •

10. Je suis grandement reconnaissant pour l'attention que je me porte, à moi, à mes besoins et à mon

bien-être. Bien que cela soit parfois difficile, j'accepte de suivre mon chemin selon les élans de mon cœur, même si cela signifie d'aller à l'encontre des désirs de certaines personnes de mon entourage. Je leur adresse d'ailleurs toute ma gratitude, car, grâce à elles, j'ai compris à quel point il est important que je suive mon cœur et la voie qui est la mienne. Avec douceur et amour, je m'ouvre à qui je suis vraiment et je me respecte.

• • •

11. Avec gratitude, je m'ancre dans le plaisir, la créativité et le bien-être. Je cultive le bonheur avec amour. J'en fais mon rituel quotidien, car cela me fait sentir si bien! C'est si bon de rire! C'est merveilleux d'échanger des sourires avec les étrangers. Je m'amuse, je m'éclate et j'aime ma vie! Je suis reconnaissant pour les moments de «flow», où tout coule avec fluidité dans ma vie. J'adore les menus plaisirs comme les grands. Je m'en offre chaque jour, avec délice. Merci!

• • •

Énoncés de gratitude pour la légèreté du physique

Pour favoriser et maintenir la légèreté du physique, faites-vous le cadeau de lire et de relire ces énoncés, ou bien écrivez les vôtres!

12. Je ressens énormément de gratitude envers mon corps. Il me rend de si merveilleux services au quotidien. Même si ça me paraît difficile, j'accepte l'ensemble de mon corps tel qu'il est, car il est tout simplement parfait! Je suis reconnaissant de sa puissante faculté de guérison. Je sais qu'avec mon attention et ma pleine conscience, je peux l'aider à se libérer et à se guérir. Je lui accorde tout mon amour et je lui prodigue tendrement chaque jour les soins dont il a besoin. Merci pour ses loyaux services! Longue vie à ce sublime corps qui est le mien!

• • •

13. J'inspire et j'expire avec gratitude. Je nourris mon corps, mon esprit et mes champs énergétiques par ma respiration. Je porte attention aux indications que me donne ma respiration quant à mon état émotionnel — au besoin, je prends soin de m'accorder une pause pour souffler et m'aérer. Je sais que je peux rééquilibrer ma vie en rééquilibrant ma respiration. Je suis reconnaissant pour tous les bienfaits que ma simple respiration me procure. Je respire le bonheur et la sérénité.

• • •

14. Je suis reconnaissant envers mon corps qui me guide dans ses besoins au quotidien. Je porte attention et je

réponds à ses demandes avec bonheur. Même si j'ai parfois de la difficulté à le faire, je prends conscience de l'effet de mon alimentation sur mon corps. Mon intention est de lui donner ce qu'il y a de mieux pour lui. Je suis rempli de gratitude, car je me sens comblé, énergisé et dynamisé. Merci!

• • •

15. J'éprouve beaucoup de gratitude et de compassion envers mes réactions de rigidité, car elles me permettent de revenir à mon équilibre et à ma liberté d'action. Aujourd'hui, j'accepte de libérer toutes les tensions, les raideurs et les rigidités accumulées dans mon corps physique, dans mes champs énergétiques et dans mon esprit. Je récupère toute l'amplitude de ma liberté de mouvement, de la libre circulation de mon énergie et de la libre circulation de la saine pensée créatrice. Même si je ne sais pas comment faire, je m'ouvre, tout simplement. Je m'aime et je m'accepte totalement. Je suis reconnaissant pour mon ouverture à cette libération que je ressens au plus profond de mon Être. Je suis rempli d'une profonde gratitude et d'une sensation de liberté et de souplesse.

• • •

16. Je prends conscience de l'influence de mon environnement physique sur mon bien-être émotionnel,

énergétique et physique. Je suis reconnaissant pour tout ce qui m'entoure. Je prends soin d'harmoniser mon environnement extérieur pour qu'il contribue à me procurer bien-être, bonheur et légèreté. Je m'accorde régulièrement des moments privilégiés dans des endroits qui me font vibrer et j'en suis rempli de gratitude !

• • •

Énoncés de gratitude pour la légèreté énergétique

Pour favoriser et maintenir la légèreté énergétique, faites-vous le cadeau de lire et de relire ces énoncés, ou bien écrivez les vôtres !

17. Je suis émerveillé devant mon grand pouvoir magnétique. Je l'utilise pour contribuer autant à mon bien-être qu'à celui des autres et j'en suis extrêmement reconnaissant. Je ressens énormément de bonheur à vibrer la gratitude envers tout ce qui m'entoure. Je rayonne avec plaisir, je vibre consciemment et intentionnellement, et j'en suis rempli de plénitude et de sérénité.

• • •

18. Je me réjouis du bonheur et de la réussite des autres, et je suis heureux d'y contribuer. Chaque fois que j'accompagne une personne à faire un pas dans sa

voie d'accomplissement, j'accomplis moi-même un pas dans mon propre chemin. Je ressens énormément de gratitude à faire partie de ce Tout universel. Je sais que je reçois constamment du soutien, puisque nous sommes tous interreliés. Je sais qu'une multitude de personnes jouent un rôle important dans ma vie et je les en remercie du plus profond de mon cœur !

• • •

19. Je remercie le merveilleux Être énergétique que je suis pour sa capacité à se guérir. Je m'ouvre avec joie à la libération des liens énergétiques qui ne servent plus. Même si je ne sais pas comment faire, je pose l'intention de couper les liens et de colmater les fuites énergétiques. Je m'en sens automatiquement revigoré et libéré. Merci !

• • •

20. Je suis reconnaissant pour tout ce que j'ai, tout ce que j'expérimente et toutes les personnes qui croisent mon chemin. J'aime la vie et tous les bienfaits infinis dont je dispose dans ce monde. Merci pour toute l'abondance que j'ai reçue dans ma vie à ce jour et que je continue de recevoir maintenant. Je sais et j'affirme que les ressources sont illimitées. Je pose l'intention de profiter au maximum de tous les bienfaits qui me sont offerts, quelle que soit la forme que ces bienfaits

prennent. J'y ai accès dans la joie, le bonheur et la gratitude. Je suis reconnaissant pour tout ce que j'ai, tout ce qui m'entoure et tout ce qui est possible. Je suis rempli d'amour et de gratitude pour tout ce qui m'entoure. Je suis comblé !

• • •

21. Je suis reconnaissant envers toutes les parties de moi qui tentent d'émerger, car elles me permettent de guérir de mes blessures. Je m'ouvre à elles, puis j'accepte de les reconnaître et de les accueillir dans l'amour et la joie. Même si je ne sais pas toujours comment, je laisse ma lumière intérieure me guider, car elle sait ce qui est le mieux pour mon plein épanouissement. Je me libère avec gratitude et je deviens de plus en plus qui je suis.

• • •

Énoncé de gratitude à l'Univers

Je remercie l'Univers d'avoir mis en place tous les systèmes et toutes les ressources me permettant d'obtenir un soutien constant tout au long de mon cheminement. Je sais qu'en m'ouvrant totalement à ce soutien, je ne peux que m'accomplir, me réaliser pleinement et réaliser ma mission de vie. Je me sens rempli de reconnaissance, d'amour et de joie !

Bibliographie

ALLEN, Marc. *Le plus grand des secrets : au-delà de l'abondance, trouver la plénitude de la vie* (livre audio), Varennes, Éditions AdA Inc., 2014.

BOURBEAU, Lise. *Les 5 blessures qui empêchent d'être soi-même*, Saint-Jérôme, Éditions Écoute ton corps, 2000.

CHOPRA, Deepak. *Les sept lois spirituelles du succès : demandez le bonheur et vous le recevrez*, Paris, Éditions J'ai lu, 1998.

GOUDREAU, Sylvie. *Je suis à ma place : réapprenez à être, à rayonner, à syntoniser et à cocréer votre vie avec passion !*, Varennes, Éditions AdA Inc., 2014.

HICKS, Jerry et Esther. *Le fabuleux pouvoir des émotions : laissez-vous guider par vos émotions*, Varennes, Éditions AdA Inc., 2013.

JOHNSON, Spencer. *Le présent* (livre audio), Varennes, Éditions AdA Inc., 2005.

MARTEL, Jacques. *Le grand dictionnaire des malaises et des maladies*, 2e éd., Québec, ATMA, 2007.

VITALE, Joe. *Le manuel inédit de la vie* (livre audio), Varennes, Éditions AdA Inc., 2010.